CODE
NATIONAL,
OU
LOIX DÉCRÉTÉES
PAR
L'ASSEMBLÉE NATIONALE

TOME PREMIER.

A PARIS.

chez { JANINET, Rue Haute-fœuille N°. 5.
CUSSAC, lib. au Palais Royal. N°. 7 & 8.

M. LCC. LXXXIX.

CODE NATIONAL

OU

LOIX DECRÉTÉES

PAR

L'ASSEMBLÉE NATIONALE.

DÉCLARATION DES DROITS

DE

L'HOMME ET DU CITOYEN,

Sanctionée par le Roi.

PRÉAMBULE.

LES Représentans du Peuple François, constitués en Assemblée Nationale, considérant que l'ignorance, l'oubli ou le mépris des droits de l'homme, sont les seules causes des malheurs publics & de la corruption des Gouvernemens, ont résolu d'exposer dans une Déclaration solennelle, les droits naturels, inaliénables & sacrés de l'homme, afin que cette déclaration constament présente á tous les membres du Corps social, leur rappelle sans cesse leurs droits & leurs devoirs: afin que les actes du pouvoir législatif & ceux du pouvoir exécutif, pouvant être à chaque instant comparés avec le but de toute institution politique, en soient respectés : afin que les réclamations des Citoyens, fondées désormais sur des principes simples & incontestables, tournent toujours au maintien de la Constitution & au bonheur de tous.

En conséquence, l'Assemblée Nationale reconnoît & déclare, en présence & sous les auspices de l'Etre-Suprême, les droits suivans de l'Homme & du Citoyen.

ARTICLE PREMIER.

LES hommes naissent & demeurent libres & égaux en droits ; les distinctions sociales ne peuvent être fondées que sur l'utilité commune.

II.

LE but de toute association politique est la conservation des droits naturels & imprescriptibles de l'homme ; ces droits sont la Liberté, la Propriété & la résistance à l'oppression.

III.

LE principe de toute souveraineté reside essentiellement dans la Nation ; nul corps, nul individu ne peut exercer d'autorité qui n'en émane expressément.

IV.

LA Liberté consiste à pouvoir faire tout ce qui ne nuit pas à autrui ; ainsi l'exercice des droits naturels de chaque homme, n'a de bornes que celles qui assurent aux autres membres de la société, la jouissance de ces mêmes droits ; ces bornes ne peuvent être déterminées que par la loi.

V.

LA loi n'a le droit de défendre que les actions nuisibles à la Sotiété. Tout ce qui n'est pas défendu par la loi, ne peut être empêché & nul ne peut être contraint à faire ce qu'elle n'ordonne pas.

VI.

LA loi est l'expression de la volonté générale : tous les Citoyens ont droit de concourir personnellement ou par leurs Représentans, à sa formation : elle doit être la même pour tous, soit qu'elle protège, soit qu'elle punisse. Tous les citoyens étant égaux à ses yeux, sont également admissibles à toutes dignités, places & emplois publics, selon leur capacité, & sans autres distinctions que celles de leurs vertus & de leurs talens.

VII.

NUL homme ne peut être accusé, arrêté, ni détenu que dans les cas déterminés par la loi & selon les formes qu'elle a prescrites. Ceux qui sollicitent, expédient, exécutent ou font exécuter des ordres arbitraires doivent être punis ; mais tout Citoyen appellé ou saisi en vertu de la loi, doit obéir à l'instant : il se rend coupable par la résistance.

VIII.

LA loi ne doit établir que des peines strictement & évidemment nécessaires, & nul ne peut être puni qu'en vertu d'une loi établie & promulguée antérieurement au délit, & légalément appliquée.

IX.

TOUT homme étant présumé innocent, jusqu'à ce qu'il ait été déclaré coupable, s'il est indispensable de l'arrêter, toute rigueur qui ne seroit pas necessaire pour s'assurer de sa personne, doit être sévèrement réprimée par la loi.

X.

NUL ne doit être inquiété pour ses opinions même religieuses, pourvu que leur manifestation ne trouble pas l'ordre public établi par la loi.

XI.

LA libre communication des pensées & des opinions est un des droits les plus précieux de l'homme. Tout Citoyen peut donc parler, écrire, imprimer librement, sauf à répondre de l'abus de cette liberté, dans les cas exprimés par la loi.

XII.

LA garentie des droits de l'Homme & du Citoyen, nécessite une force publique : cette force est donc instituée pour l'avantage de tous, & non pour l'utilité particulière de ceux à qui elle est confiée.

XIII.

POUR l'entretien de la force publique, & pour les dépenses d'administration, une contribution commune est indispensable ; elle doit être également répartie entre tous les Citoyens, en raison de leurs facultés.

XIV.

XIV.

LES Citoyens ont le droit de conſtater par eux mêmes ou par leurs Repréſentans, la néceſſité de la contribution publique, de la conſentir librement, d'en ſuivre l'emploi, & d'en déterminer la quotité, l'aſſiette, le recouvrement & la durée.

XV.

LA Société a le droit de demander compte à tout Agent public, de ſon adminiſtration.

XVI.

TOUTE Société dans laquellela garantie des droits n'eſt pas aſſurée, ni la ſéparation des pouvoirs déterminée, n'a point de conſtitution.

XVII.

LES Propriétés étant un droit inviolable & ſacré, nul ne peut en être privé, ſi ce n'eſt lorſque la néceſſité publique, légalement conſtatée, l'exige évidemment & ſous la condition d'une juſte & préalable indemnité.

ARTICLES
DE LA CONSTITUTION.

ARTICLE PREMIER.

Tous les pouvoirs émanent eſſentiellement de la Nation & ne peuvent émaner que d'elle.

II.

Le Gouvernement françois eſt Monarchique ; il n'y a point en France d'autorité ſupérieure à la loi ; le Roi ne règne que par elle, & ce n'eſt qu'en vertu des loix qu'il peut éxiger l'obéiſſance.

III.

L'Assemblée Nationale a reconnu & déclaré comme points fondamentaux de la Monarchie, que la perſonne du Roi eſt inviolable & ſacrée, que le Trône eſt indiviſible, que la Couronne eſt héréditaire dans la race régnante, de mâle en mâle, par ordre de primogéniture, à l'excluſion perpétuelle & abſolue des femmes & de leurs deſcendances, ſans entendre rien préjuger ſur l'effet des renonciations.

IV.

L'Assemblée Nationale ſera permanente.

V.

L'Assemblée Nationale ne ſera compoſée que d'une chambre.

VI.

Chaque légiſlature sera de deux ans.

VII.

Le renouvellement des membres de chaque légiflature fera fait en totalité.

VIII.

Le pouvoir légiflatif réfide dans l'Affemblée Nationale, qui l'exercera ainfi qu'il fuit.

IX.

Aucun acte du Corps légiflatif ne pourra être confidéré comme loi, s'il n'eft fait par les Repréfentans de la Nation, librement & légalement élus, & s'il n'eft fanctionné par le Monarque.

X.

Le Roi peut refufer fon confentement aux actes du corps légiflatif.

XI.

Dans le cas où le Roi refufera fon confentement, ce refus ne fera que fufpenfif.

XII.

Le refus fufpenfif du Roi ceffera à la feconde des légiflatures qui fuivront celle qui aura propofé la loi.

XIII.

Le Roi peut inviter l'Affemblée Nationale à prendre un objet en confidération; mais la propofition des loix appartient exclufivement aux Repréfentans de la Nation.

XIV.

La création & la ſuppreſſion des offices ne pourront avoir lieu qu'en exécution d'un acte du Corps légiſlatif, ſanctionné par le Roi.

XV.

Aucun impôt ou contribution en nature ou en argent ne peut être levé : aucun emprunt direct ou indirect ne peut être fait autrement que par un Décret exprès de l'Aſſemblée des Repréſentans de la Nation.

XVI.

Le pouvoir exécutif ſuprême réſide excluſivement dans la main du Roi.

XVII.

Le pouvoir exécutif ne peut faire aucunes loix même proviſoires ; mais ſeulement des proclamations conformes aux loix, pour en ordonner ou en rappeller l'obſervation.

XVIII.

Les Miniſtres & les autres Agens du pouvoir exécutif, ſont reſponſables de l'emploi des fonds de leur département, ainſi que de toutes les infractions qu'ils pourront commettre envers les loix, quels que ſoient les ordres qu'ils aient reçus ; mais aucun ordre du Roi ne pourra être exécuté, s'il n'a été ſigné par Sa Majeſté, & contreſigné par un Secrétaire d'État, ou par l'Ordonateur du département.

XIX.

Le pouvoir judiciaire ne pourra en aucun cas être exercé par le Roi, ni par le Corps légiflatif; mais la juftice fera adminiftrée au nom du Roi, par les feuls Tribunaux établis par la loi, fuivant les principes de la Conftitution, & felon les formes déterminées par la Loi.

DÉCRETS de l'Affemblée Nationale.

DES 4, 6, 7, 8, & 11, Août 1789.

Sanctionnés par le Roi.

ARTICLE PREMIER.

L'Affemblée Nationale détruit entièrement le régime féodal, & décrète que, dans les droits, tant féodaux que cenfuels, ceux qui tiennent à la mainmorte réelle ou perfonnelle, & à la fervitude perfonnelle, & ceux qui les repréfentent, font abolis fans indemnité, & tous les autres déclarés rachetables, & le prix & le mode du rachat feront fixés par l'Affemblée Nationale. Ceux defdits droits qui ne font pas fupprimés par ce décret, continueront néanmoins à être perçus jufqu'au rembourfement.

II.

Le droit exclufif des fuies & colombiers eft aboli: les pigeons feront enfermés aux époques fixées par les Communautés; & durant ce temps, ils feront regardés comme gibier, & chacun aura le droit de les tuer fur fon terrain.

III.

Le droit exclusif de la chasse & des garennes ouvertes est pareillement aboli : & tout propriétaire a le droit de détruire & faire détruire, seulement sur ses possessions, toute espèce de gibier, sauf à se conformer aux Loix de Police qui pourront être faites relativement à la sûreté publique.

Toutes Capitaineries, même royales, & toute réserve de chasse, sous quelque dénomination que ce soit, sont pareillement abolies ; & il sera pourvu par des moyens compatibles avec le respect dû aux propriétés & à la liberté, à la conservation des plaisirs personnels du Roi.

M. le Président sera chargé de demander au Roi le rappel des Galériens & des Bannis pour simple fait de chasse ; l'élargissement des Prisonniers actuellement détenus, & l'abolition des procédures existantes à cet égard.

IV.

Toutes les Justices Seigneuriales sont supprimées sans aucune indemnité ; & néanmoins les Officiers de ces Justices continueront leurs fonctions jusqu'à ce qu'il ait été pourvu par l'Assemblée Nationale, à l'établissement d'un nouvel ordre judiciaire.

V.

Les Dîmes de toute nature, & les redevances qui en tiennent lieu, sous quelque dénomination qu'elles soient connues & perçues, même par abonnement, poſſédées par les Corps ſéculiers & réguliers, par les Bénéficiers, les Fabriques, & tous les gens de main-morte, même par l'ordre de Malthe, & autres Ordres Religieux & Militaires, même celles qui auroient été abandonnées à des Laïcs en remplacement, & pour option de portions congrues, ſont abolies; ſauf à aviſer aux moyens de ſubvenir d'une autre manière à la dépense du culte divin, à l'entretien des Miniſtres des autels, au ſoulagement des Pauvres, aux réparations & reconſtructions des Égliſes & Presbitères, & à tous les établiſſements, ſéminaires, écoles, colleges, hôpitaux, communautés & autres, à l'entretien deſquels elles ſont actuellement affectées.

Et cependant jusqu'à ce qu'il y ait été pourvu, & que les anciens poſſeſſeurs ſoient entrés en jouiſſance de leur remplacement, l'Aſſemblée Nationale *Ordonne* que leſdites dîmes continueront d'être perçues ſuivant les loix & en la manière accoutumée.

Quant aux autres dîmes de quelque nature qu'elles ſoient, elles ſont rachetables de la manière qui ſera réglée par l'Aſſemblée ; & juſqu'au règlement à faire à ce ſujet, l'Aſſemblée Nationale ordonne que la perception en ſera auſſi continuée.

VI.

TOUTES les rentes foncières perpétuelles, ſoit en nature, ſoit en argent, de quelque eſpèce qu'elles ſoient, quelle que ſoit leur origine, à quelques perſonnes qu'elles ſoient dûes, gens de main-morte, domaines, apanagiſtes, ordre de Malthe, ſeront rachetables; les Champarts de toute espèce, & sous toute dénomination, le feront pareillement, au taux qui sera fixé par l'Assemblée. Deffenses sont faites de plus à l'avenir créer aucune redevance non remboursable.

VII.

La vénalité des Offices de judicature & de municipalité, est supprimée dès cet instant. La justice sera rendue gratuitement, & néanmoins les Officiers pourvus de ces Offices, continueront d'exercer leurs fonctions, & d'en percevoir les émolumens; jusqu'à ce qu'il ait été pourvu par l'Assemblée, aux moyens de leut procurer leur remboursement.

VIII.

Les Droits Casuels des Curés de campagne sont supprimés, & cesseront d'être payés aussitôt qu'ilaura été pourvu à l'augmentation des portions congrues, & à la pension des Vicaires; & il sera fait un Réglement pour fixer le sort des Curés des villes.

IX.

Les Priviléges pécuniaires personnels ou réels en matière de subsides, sont abolis à jamais. La perception se fera sur tous les Citoyens & sur tous les biens, de la même manière & dans la même forme: & il va être avisé aux moyens d'effectuer le paiement proportionnel de toutes les contributions, même pour les six derniers mois de l'année d'imposition courante.

X.

UNE Conſtitution Nationale & la liberté publique étant plus avantageuſes aux provinces que les priviléges dont quelques-unes jouiſſoient, & dont le ſacrifice eſt néceſſaire à l'union intime de toutes les parties de l'empire, il eſt déclaré que tous les priviléges particuliers des Provinces, Principautés, Pays, Cantons, Villes & Communautés d'Habitans, ſoit pécuniaires, ſoit de toute autre nature, ſont abolis ſans retour, & demeureront coufondus dans le droit commun de tous les Français.

XI.

Tous les Citoyens, ſans diſtinction de naiſſance, pourront être admis à tous les emplois & dignités Eccléſiaſtiques, Civils & Militaires, & nulle profeſſion utile n'emportera dérogeance.

XII.

A l'avenir il ne ſera envoyé en cour de Rome, en la Vice-Légation d'Avignon, en la Nonciature de Lucerne, aucuns deniers pour annates, ou pour quelque autre cauſe que ce ſoit; mais les Dioceſains s'adreſſeront à leurs Évêques pour toutes les proviſions de bénéfices & diſpenſes, leſquelles ſeront accordées gratuitement, nonobſtant toutes réſerves, expectatives & partages de mois, toutes les Égliſes de France devant jouir de la même liberté.

XIII.

Les Déports, Droits de Cote-morte, Dépouilles, *vacat*, Droits Cenfaux, Deniers de St.-Pierre, & autres de même genre, établis en faveur des Évêques, Archidiacres, Archiprêtres, Chapitres, Curés primitifs, & tous autres, fous quelque nom que ce foit font abolis; fauf à fe pourvoir, ainfi qu'il appartiendra, à la dotation des Archidiaconés & des Archiprêtres qui ne feroient pas fuffifamment dotés.

XIV.

La pluralité des Bénéfices n'aura plus lieu à l'avenir, lorfque les revenus du bénéfice ou des bénéfices dont on fera titulaire, excéderont la fomme de trois mille livres; il ne fera pas permis non plus de poffé-der plufieurs penfions fur bénéfices, ou une penfion & un bénéfice, fi le produit des objets de ce genre que l'on poffède déjà, excède la même fomme de trois mille livres.

XV.

Sur le compte qui fera rendu à l'Affemblée Nationale de l'état des penfions, grâces & traitemens, elle s'occupera, de concert avec le Roi, de la fuppreffion de celles qui n'auroient pas été méritées, & de la réduction de celles qui feroient exceffives; fauf à déterminer pour l'avenir une fomme dont le Roi pourra difpofer pour cet objet.

XVI.

L'ASSEMBLÉE Nationale décréte qu'en mémoire des grandes & importantes Délibérations qui viennent d'être prises pour le bonheur de la France, une médaille sera frappée, & qu'il sera chanté en action de graces un *Te Deum* dans toutes les Paroisses & Églises du Royaume.

XVII.

L'ASSEMBLÉE Nationale proclame solennellement le Roi Louis XVI, *Restaurateur de la liberté Françaife.*

XVIII.

L'ASSEMBLÉE Nationale se rendra en corps auprès du Roi, pour présenter à sa Majesté l'Arrêté qu'elle vient de prendre, lui porter l'hommage de sa plus respectueuse reconnoissance, & la supplier de permettre que le *Te Deum* soit chanté dans sa Chapelle, & d'y assister elle-même.

XIX.

L'ASSEMBLÉE Nationale s'occupera, immédiatement après la Constitution, de la rédaction des loix necessaires pour le développement des principes qu'elle a fixés par le présent arrêté, qui sera incessamment envoyé par MM. les Députés dans toutes les Provinces, avec le Décret du 10 de ce mois, pour l'un & l'autre y être imprimés, publiés, même aux Prônes des Paroisses, & affichés par-tout où besoin sera.

DÉCRET du 10 Août 1789.
Sanctioné par le Roi.

L'Assemblée Nationale Arrête & Décrète,

Que toutes les Municipalités du Royaume, tant dans les villes qne dans les campagnes, veilleront au maintien de la tranquillité générale; & que sur leur simple réquisition, les Milices Nationales, ainsi que les Maréchaussées, seront assistées des troupes, à l'effet de poursuivre & d'arrêter les perturbateurs du repos public, de quelqu'état qu'ils puissent être.

Que les personnes arrêtées seront remises aux Tribunaux de justice, & interrogées incontinent, & que le procès leur sera fait; mais qu'il sera sursis au jugement & à l'exécution, à l'égard de ceux qui seront prévenus d'être les auteurs de fausses alarmes, & les instigateurs des pillages & violences, soit sur les biens, soit sur les personnes; & que cependant copies des informations, des interrogatoires & autres procédures, seront successivement adressées à l'Assemblée Nationale, afin que, sur l'examen & la comparaison des preuves rassemblées des différens lieux du Royaume, elle puisse remonter à la source des désordres, & pourvoir à ce que les chefs de ces complots soient soumis, à des peines exemplaires qui répriment efficacement de pareils attentats.

Que tous attroupemens séditieux, soit dans les villes, soit dans les campagnes, même sous prétexte de chasse, seront incontinent dissipés par les Milices Nationales, les Maréchaussées & les troupes, sur la simple requisition des Municipalités.

Que dans les Villes & Municipalités de la campagne, ainsi que dans chaque District des grandes villes, il sera dressé un rôle des hommes sans aveu, sans métier ni proffession, & sans domicile constant, lesquels seront désarmés, & que les Milices Nationales, les Maréchaussées & les Troupes veilleront particulièrement sur leur conduite.

Que toutes les Milices Nationales, prêteront serment entre les mains de leur commandant, de bién & fidélement servir pour le maintien de la paix, pour la deffense des Citoyens, & contre les perturbateurs du repos public; & que toutes les troupes, savoir, les Officiers de tout grade, & Soldats prêteront serment à la Nation & au Roi, chef de la Nation, avec la solennité la plus auguste; que les Soldats jureront, en présence du régiment entier sous les armes, de ne jamais abandonner leurs Drapeaux, d'être fidèles à la Nation, au Roi & à la Loi, & de se conformer aux règles de la discipline militaire.

Que les Officiers jureront ès mains des Officiers Municipaux, en présence de leurs Troupes, de rester fidéles à la Nation, au Roi & à la Loi, & de ne jamais employer ceux qui seront sous leurs ordres, contre les citoyens, si ce n'est sur la réquisition des Officiers Civils & Municipaux, laquelle réquisition sera toujours lûe aux Troupes assemblèes.

Que les Curés des villes & des campagnes feront lecture du présent Arrêté à leurs Paroissiens réunis dans l'Eglise, & qu'ils employeront, avec tout le zèle dont ils ont constament donné des preuves, l'influence de leur Ministère, pour rétablir la paix & la tranquilité publique, & pour ramener tous les citoyens à l'ordre & à l'obéissance qu'ils doivent aux autorités légitimes.

SA MAJESTÉ sera suppliée de donner les ordres nécessaires pour la pleine & entière exécution de ce décret, lequel sera adressé à toutes les Villes, Municipalités & Paroisses du royaume, ainsi qu'à tous les Tribunaux, pour y être lû, publié, affiché & inscrit dans les registres.

DÉCRET du 29 Août 1789.

Sanctioné par le Roi, le 27 septembre suivant.

L'ASSEMBLÉE NATIONALE a décrété que la vente & circulation des Grains & Farines seront libres dans toute l'étendue du Royaume.

Que ceux qui feront transporter des Grains ou Farines par mer, seront tenus de faire leur déclaration exacte, pardevant la Municipalité du lieu du départ & du chargement, & de justiffier de leur arrivée & de leur déchargement au lieu de leur destination, par un certificat de la Municipalité desdits lieux.

Que l'exportation à l'étranger est & demeurera provisoirement deffendue.

DÉCRET du 18 Septembre 1789.

Sanctioné par le Roi, le 27 du même mois.

L'ASSEMBLÉE NATIONALE convaincue, d'après le rapport qui lui a été fait par le commité de subsistances, que la sûreté du peuple, relativement aux besoins de première nécessité, & sa sécurité à cet égard, si nécessaire à l'entier rétablissement de la tranquilité publique, sont essentiellement attachées en ce moment à une exécution rigoureuse de son décret du 29 Août dernier, a Décrété & Décrète:

1.° Que toute exportation de Grains & Farines à l'étranger, & toute opposition à leur vente & libre circulation dans l'intérieur du Royaume, seront considerés comme des attentats contre la sûreté & la sécurité du peuple, & qu'en conséquence, ceux qui s'en rendront coupables, seront poursuivis extraordinairement devant les juges ordinaires des lieux, comme perturbateurs de l'ordre public.

2.° Que ceux qui feront transporter des Grains & Farines dans l'étendue de trois lieues des frontières du Royaume, autres néanmoins que les frontières maritimes, seront assujettis aux formalités prescrites pour les transports par mer, par l'article II du décrét du 29 août dernier.

3.° Que dans l'un & l'autre cas, on sera tenu de donner bonne & suffisante caution devant les Officiers municipaux du lieu du départ, de rapporter le certificat de déclaration, signé & visé des Officiers municipaux des lieux de la deſtination & déchargement: leſquels certificats & déclarations ſeront délivrés ſans frais: & que faute de rapporter leſdits certificats & déclarations dans tel délai qui ſera fixé par les Officiers municipaux des lieux du départ, ſuivant l'éloignement des lieux du déchargement, il ſera prononcé contre les contrevenans, par les juges ordinaires, une amende égale à la valeur des grains & farines déclarés.

4.° Que ceux qui contreviendront à l'article II du décret du 29 août, & à l'article III ci-deſſus, encourront la peine de la ſaiſie des grains & farines & de leur confiſcation, les frais de ſaiſie & de vente prélevés au profit des hôpitaux des lieux; & ſera au ſurplus la connoiſſance des contraventions prévues par les deux articles ci-deſſus, attribuée aux juges ordinaires, leſquels y ſtatueront ſommairement & ſans frais.

5.° Que néanmoins ceux qui auront importé dans le Royaume des bleds venant de l'étranger, & qui en auront fait conſtater l'introduction, la quantité, la qualité & le dépôt, par les Municipalités des lieux, auront la liberté de les exporter, ſi bon leur ſemble, en ſe conformant aux règles & formalités établies pour les entrepôts.

Sera Sa Majeſté ſuppliée de donner les ordres néceſſaires pour la pleine & entière exécution du préſent Décret & de celui du 29 août dernier, dans toutes les Villes & Municipalités, Paroiſſes & Tribunaux du Royaume, & d'enjoindre très-expreſſément

ment à tous les Officiers de Police, Municipaux & autres, de prendre toutes les mesures nécessaires pour assurer au commerce intérieur des grains & farines, la liberté, sûreté & protection, & de requérir les Milices Nationales; les Maréchaussées, & même au besoin les autres Troupes Militaires, pour prêter main-forte à l'exécution de ces mesures.

DÉCRET du 5 Octobre 1789.

Sanctioné par le Roi.

L'ASSEMBLÉE NATIONALE, instruite que plusieurs particuliers, & meme quelques Municipalités s'opposent à l'exécution des décrets des 29 Août & 18 Septembre derniers, au préjudice d'autres Municipalités, & de l'intérêt général du Royaume, a décrété & décrète:

Que toutes les Municipalités du Royaume seront tenues d'exécuter & faire exécuter les décrets des 29 Août & 18 Septembre derniers, à peine contre les contrevenans d'être déclarés perturbateurs de l'ordre public; en conséquence autorise toutes personnes, & notamment celles qui sont chargées de commissions de leurs Municipalités pour acheter des grains & farines, à réclamer le secours du pouvoir exécutif & la force militaire pour procurer liberté & sûreté dans les marchés, & pour faciliter le transport des bleds & farines achetés, à la charge de faire préalablement conftater les refus & contraventions par le premier Officier public fur ce requis.

Ordonne que le Comité des Recherches fera tenu de faire toutes informations néceffaires contre les auteurs, fauteurs, complices, adhérens & inftigateurs de quelqu'état & condition qu'ils puiffent être, qui ont apporté ou apporteroient quelqu'obftacle à la libre circulation des grains dans l'intérieur du Royaume, ou qui favoriferoient l'exportation à l'Etranger, pour, fur le rapport qui en fera fait á l'Affemblée, être ftatué ce qu'il appartiendra.

Ordonne, en outre, qu'il fera affiché dans tous les marchés du Royaume, des placards contenant les défenfes portées par les décrets dé l'Affemblée Nationale, d'exporter aucuns bleds & farines hors du Royaume, à peine d'être punis comme perturbateur de l'ordre public ; & qu'il fera écrit, par le Préfident de l'Affemblée Nationale, une lettre circulaire à toutes les Municipalités pour les inviter à procurer & faciliter la circulation des grains & farines; que M. le Préfident engagera de plus les Municipalités des environs de Paris à faire porter du pain dans la Capitale par les Boulangers de leurs arrondiffemens.

L'Affemblée a ftatué de plus que le Roi fera inftament fuplié d'envoyer le préfent Décret, enfemble ceux déja faits concernant les fubfiftances, à tous les Tribunaux du Royaume, pour être infcrits fur les regiftres, publiés & affichés ; comme auffi de prendre toutes les mefures néceffaire pour l'exécution pleine & entière du préfent Décret.

DÉCRET du 16 Novembre 1789.

Sanctioné par le Roi.

L'ASSEMBLÉE NATIONALE persistant dans ses Décrets des 29 Août, 18 Septembre & 5 Octobre derniers, concernant la libre circulation des grains & farines dans l'intérieur du Royaume, & la défense d'en exporter hors du Royaume, a décrété & décrète:

Que dans les cas où il y aura lieu à la confiscation portée par l'article IV. de son Décret du 18 Septembre, des grains & farines saisis en contravention, le produit de la confiscation appartiendra, pour les deux tiers, à ceux qui auront fait la saisie & la dénonciation, ou à ceux qui auront saisi & arrêté les grains & farines, s'il n'y a pas de dénonciateur, les frais de saisie & vente prelevés; le surplus sera appliqué au profit des hopitaux ou des pauvres des lieux où la saisie aura été faite.

L'Assemblée a statué de plus que le Roi sera instament supplié d'envoyer le présent Décret à tous les Tribunaux, Municipalités & Corps Administratifs du Royaume, pour être inscrit, publié & affiché, & de prendre toutes les mesures nécessaires pour en assurer la pleine & entière exécution.

LOI MARTIALE.

CONTRE LES ATTROUPEMENS.

Du 21 Octobre 1789.

Sanctioné par le Roi.

L'ASSEMBLÉE NATIONALE confidérant que la liberté affermit les Empires, mais que la licence les détruit; que loin d'être le droit de tout faire, la liberté n'exifte que par l'obéiffance aux Loix; que fi, dans des temps calmes, cette obéiffance eft fuffifament affurée par l'autorité publique ordinaire, il peut furvenir des époques difficiles où les peuples, agités par des caufes fouvent criminelles, deviennent l'inftrument d'intrigues qu'ils ignorent; que ces tems de crife néceffitent momentanément des moyens extraordinaires pour maintenir la tranquilité publique, & conferver les droits de tous, a décrété & décrète la préfente Loi Martiale.

ARTICLE PREMIER.

Dans le cas où la tranquillité publique fera en péril, les Officiers Municipaux des lieux feront tenus, en vertu du pouvoir qu'ils ont reçu de la commune, de déclarer que la force militaire doit être déployée à l'inftant pour rétablir l'ordre public, à peine, par ces Officiers, d'être refponfables des fuites de leur négligence.

II.

II.

Cette déclaration se fera en exposant à la principale fenêtre de la Maison-de-ville, & en portant dans toutes les rues & carrefours un drapeau rouge; & en même temps les Officiers Municipaux requerront les Chefs des Gardes Nationales, des Troupes réglées & des Maréchaussées, de prêter main-forte.

III.

Au signal seul du drapeau rouge, tous attroupemens avec ou sans armes, deviendront criminels, & devront être dissipés par la force.

IV.

Les Gardes-Nationales, Troupes réglées & Maréchaussées requises par les Officiers Municipaux, seront tenues de marcher sur-le-champ, commandées par leurs Officiers, précédées d'un drapeau rouge, & accompagnées d'un Officier Municipal au moins.

V.

Il sera demandé par un des Officiers Municipaux, aux personnes attroupées, qu'elle est la cause de leur réunion, & le grief dont elles demandent le redressement. Elles seront autorisées à nommer six d'entre elles pour exposer leurs réclamations & présenter leurs pétitions, & tenues de se séparer sur-le-champ, & de se retirer paisiblement,

VI.

Faute par les personnes attroupées de se retirer en ce moment, il leur sera fait à haute voix, par les Officiers Municipaux, ou l'un d'eux, trois sommations de se retirer tranquillement dans leur domicile. La première sommation sera exprimée en ces termes : *Avis est donné que la Loi Martiale est proclamée, que tous attroupemens sont criminels ; on va faire feu, que les bons Citoyens se retirent.* A la deuxième & troisième sommations, il suffira de répéter ces mots : *on va faire feu, que les bons Citoyens se retirent.* L'Officier Municipal énoncera que c'est ou la première, ou la seconde, ou la dernière.

VII.

Dans le cas où, soit avant, soit pendant le prononcé des sommations, l'attroupement commettroit quelques violences, & pareillement dans le cas où, après les sommations faites, les personnes attroupées ne se retireroient pas paisiblement, la force des armes sera à l'instant déployée contre les séditieux, sans que personne soit responsable des événement qui pourront en résulter.

VIII.

Dans le cas où le Peuple attroupé n'ayant fait aucune violence, se retireroit paisiblement, soit avant, soit immédiatement après la dernière sommation, les moteurs & inſtigateurs de la ſédition, s'ils ſont connus, pourront ſeuls être pourſuivis extraordinairement, & condamnés, ſavoir, à une priſon de trois ans, ſi l'attroupement n'étoit pas armé, & à la peine de mort, ſi l'attroupement étoit en armes. Il ne ſera fait aucune pourſuite contre les autres.

IX.

Dans le cas où le Peuple attroupé feroit quelque violence, ou ne ſe retireroit pas après la dernière ſommation, ceux qui échapperont aux coups de la force militaire, & qui pourront être arrêtés, ſeront punis d'un empriſonnement d'un an, s'ils étoient ſans armes; de trois ans s'ils étoient armées, & de la peine de mort s'ils étoient convaincus d'avoir commis des violences. Dans le cas du préſent article, les moteurs & inſtigateurs de la ſédition, ſeront de même condamnés à mort.

X.

Tous Chefs, Officiers & Soldats des Gardes Nationales, des Troupes & des Maréchauſſées, qui exciteront ou fomenteront des attroupemens, émeutes & ſéditions, ſeront déclarés rebelles à la Nation, au Roi & à Loi, & punis de mort; & ceux qui refuſeront le ſervice, à la requiſition des Officiers Municipaux, ſeront dégradés & punis de trois ans de priſon.

XI.

XI.

Il ſera dreſſé par les Officiers Municipaux, procès-verbal, qui contiendra le récit des faits.

XII.

Lorſque le calme ſera retabli, les Officiers Municipaux rendront un Décret qui fera ceſſer la Loi Martiale, & le drapeau rouge ſera retiré, & remplacé, pendant huit jours, par un drapeau blanc.

DÉCRET du 3 Octobre 1789.

Sanctioné par le Roi.

L'ASSEMBLÉE NATIONALE a décrété que tous les Particuliers, Corps, Communautés & Gens de mainmorte, pourront à l'avenir prêter l'argent à terme fixe, avec ſtipulation d'intérêt ſuivant le taux déterminé par la loi, ſans entendre rien innover aux uſages du commerce.

L'Aſſemblée a arrêté que M. le Préſident ſe retirera devers le Roi à l'effet de préſenter à ſa ſanction le préſent Décret.

DÉCRET *ſur la réformation de quelques points de la Juriſprudence criminelle.*
des 8 & 9 Octobre 1789.
Sanctionné par le Roi.

L'ASSEMBLÉE NATIONALE conſidérant qu'un des principaux droits de l'homme qu'elle a reconnus, eſt celui de jouir, lorſqu'il eſt ſoumis à l'épreuve d'une pourſuite criminelle, de toute l'étendue de liberté & de ſûreté pour ſa défenſe, qui peut ſe concilier avec l'intérêt de la ſociété qui commande la punition des délits; que l'eſprit & les formes de la procédure pratiquée juſqu'à préſent en matière criminelle s'éloignent tellement de ce premier principe de l'équité naturelle & de l'aſſociation politique, qu'ils néceſſitent une réforme entière de l'ordre judiciaire pour la recherche & le jugement des crimes; que ſi l'exécution de cette réforme entière exige la lenteur & la maturité des plus profondes méditations, il eſt cependant poſſible de faire jouir dès-à-préſent la Nation de l'avantage de pluſieurs diſpoſitions qui, ſans ſubvertir l'ordre de procéder actuellement ſuivi, raſſureront l'innocence & faciliteront la juſtification des accuſés, en même temps qu'elles honoreront davantage le miniſtère des Juges dans l'opinion publique, a arrêté & décrété les articles qui ſuivent.

ARTICLE PREMIER.

Dans tous les lieux où il y a un ou plusieurs Tribunaux établis, la Municipalité, & en cas qu'il n'y ait pas de Municipalité, la Communauté des Habitans nommera un nombre suffisant de Notables, eu égard à l'étendue du ressort, parmi lesquels seront pris les Adjoints qui assisteront à l'instruction des procès criminels, ainsi qu'il va être dit ci-après.

II.

Ces Notables seront choisis parmi les Citoyens de bonnes mœurs & de probité reconnue; ils devront être âgés de vingt-cinq ans au moins & savoir signer. Leur nomination sera renouvellée tous les ans. Ils prêteront serment à la Commune entre les mains des Officiers Municipaux ou du Syndic, ou de celui qui la préside, de remplir fidèlement leurs fonctions, & sur-tout de garder un secret inviolable sur le contenu en la plainte & aux autres actes de la procédure. La liste de leurs noms, qualités & demeures, sera déposée dans les trois jours aux Greffes des Tribunaux par le Greffier de la Municipalité ou de la Communauté.

III.

Aucune plainte ne pourra être présentée au Juge qu'en présence de deux Adjoints amenés par le Plaignant & par lui pris à son choix: il sera fait mention

tion de leur préſence & de leurs noms dans l'Ordonnance qui ſera rendue ſur la plainte, & ils ſigneront avec le Juge, à peine de nullité.

IV.

Les Procureurs - Généraux & les Procureurs du Roi ou Fiſcaux qui accuſeront d'office, ſeront tenus de déclarer, par acte ſéparé de la plainte, s'ils ont un dénonciateur ou non, à peine de nullité ; & s'ils ont un dénonciateur, ils déclareront en même temps ſon nom, ſes qualités & ſa demeure, affin qu'il ſoit connu du Juge & des Adjoints à l'information, avant qu'elle ſoit commencée.

V.

Les procès-verbaux de l'état des perſonnes bleſſées, ou du corps mort, ainſi que du lieu où le délit aura été commis, & des armes, hardes & effets qni peuvent ſervir à conviction ou à décharge, ſeront dreſſés en préſence de deux Adjoints appellés par le Juge, ſuivant l'ordre du tableau mentionné en l'Article II ci-deſſus, qui pourront lui faire leurs obſervations, dont ſera fait mention, & qui ſigneront ces procès-verbaux, à peine de nullité. Dans le cas où le lieu du délit ſeroit à une trop grande diſtance du chef-lieu de la Juriſdiction, les Notables, nommés dans le chef-lieu, pourront être ſupplées dans les fonctions d'Adjoints aux procès-verbaux par les Membres de la Municipalité ou de la Communauté du lieu du délit, pris en pareil nombre par le Juge d'inſtruction.

VI.

L'information qui précédera le Décret, continuera d'être faite ſecrétement, mais en préſence de deux Adjoints, qui ſeront également appellés par le Juge, & qui aſſiſteront à l'audition des témoins.

VII.

Les Adjoints ſeront tenus, en leur ame & conſcience, de faire au Juge les obſervations, tant à charge qu'à décharge, qu'ils trouveront néceſſaires pour l'explication des dires des témoins, ou l'éclairciſſement des faits dépoſés, & il en ſera fait mention dans le procès-verbal d'information, ainſi que des réponſes des témoins. Le procès-verbal ſera coté & ſigné à toutes les pages par les deux Adjoints, ainſi que par le Juge, à l'inſtant même & ſans déſemparer, à peine de nullité; & il en ſera également fait une mention exacte, à peine de faux.

VIII

Dans le cas d'une information urgente, qui ſe feroit ſur le lieu même, pour flagrant délit, les Adjoints pourront, en cas de néceſſité, être remplacés par deux principaux habitans, qui ne ſeront pas dans le cas d'être entendus comme témoins, & qui prêteront ſur-le-champ ferment devant le Juge d'inſtruction.

IX.

Les décrets d'ajournement perſonnel ou de priſe de corps ne pourront plus être prononcés que par trois Juges au moins, ou par un Juge & deux Gradués ; & les Commiſſaires des Cours ſupérieures qui ſeront autoriſés à décréter dans le cours de leur commiſſion, ne pourront le faire qu'en appellant deux Juges du tribunal du lieu, ou à leur déffaut des Gradués. Aucun décret de priſe de corps ne pourra déſormais être prononcé contre les domiciliés, que dans le cas où par la nature de l'accuſation & des charges, il pourroit écheoir peine corporelle : pourront néanmoins les Juges faire arrêter ſur le champ, dans le cas de flagrant délit ou de rébellion à juſtice.

X.

L'accuſé décrété de priſe de corps pour quelque crime que ce ſoit, aura le droit de ſe choiſir un ou pluſieurs Conſeils, avec leſquels il pourra conférer librement en tout état de cauſe, & l'entrée de la priſon ſera toujours permiſe auxdits Conſeils. Dans le cas où l'accuſé ne pourroit pas en avoir par lui même, le Juge lui en nommera un d'office, à peine de nullité.

XI.

Auſſitôt que l'accuſé ſera conſtitué priſonnier, ou ſe ſera préſenté ſur les décrets d'aſſigné pour être ouï, ou d'ajournement perſonnel, tous les actes de l'inſtruction ſeront faits contradictoirement avec lui publiquement; & les portes de la chambre d'inſtruction étant ouvertes, dès ce moment l'aſſiſtance des Adjoints ceſſera.

XII.

Dans les vingt-quatre heures de l'empriſonnement de l'accuſé, le Juge le fera paroître devant lui, lui fera lire la plainte, la déclaration du nom du dénonciateur, s'il y en a, les procès-verbaux ou rapports, & l'infomation; il lui fera repréſenter auſſi les effets dépoſés pour ſervir à l'inſtruction; il lui demandera s'il a choſi, ou s'il entend choiſir un Conſeil, ou s'il veut qu'il lui en ſoit nommé un d'office: en ce dernier cas, le Juge nommera le Conſeil, & l'interrogatoire ne pourra être commencé que le jour ſuivant. Pour cet interrogatoire & pour tous les autres, le ſerment ne ſera plus exigé de l'accuſé, & il ne le prêtera pendant tout le cours de l'inſtruction, que dans le cas où il voudroit alléguer des reproches contre les témoins.

XIII.

Il en ſera uſé de même à l'égard des accuſés qui comparoîtront ſur un décret d'aſſigné pour être ouïs, ou d'ajournement perſonnel.

XIV.

Après l'interrogatoire, la copie de toutes les pièces

ces de la procédure, ſignée du Greffier, ſera délivrée ſans frais à l'accuſé ſur papier libre, s'il la requiert, & ſon Conſeil aura le droit de voir les minutes, ainſi que les effets dépoſés pour ſervir à l'inſtruction.

X V.

La continuation & les additions de l'information qui auront lieu pendant la détention de l'accuſé depuis ſon décret, ſeront faites publiquement & en ſa préſence, ſans qu'il puiſſe interrompre le témoin *pendant le cours de ſa dépoſition.*

X V I.

Lorſque la dépoſition ſera achevée, l'accuſé pourra faire faire au témoin, par l'organe du Juge, les obſervations & interpellations qu'il croira utiles pour l'eclairciſſement des faits rapportés, ou pour l'explication de la dépoſition. La mention tant des obſervations de l'accuſé, que des réponſes du témoin, ſera faite, ainſi qu'il ſe pratique, à la confrontation; mais les aveux, variations ou rétractations du témoin en ce premier inſtant ne le feront pas réputer faux-témoin.

X V I I.

Les procès criminels ne pourront plus être réglés à l'extraordinaire que par trois Juges au moins. Lorſqu'ils auront été ainſi réglés, il ſera en préſence de l'accuſé ou des accuſés, procédé d'abord au récollement des témoins, & de ſuite à leur confrontation. Il en ſera uſé de même par rapport au récollement des accuſés ſur leur interrogatoire, & à leur confrontation entr'eux. Les reproches contre les témoins pourront être propoſés & prouvés en tout état de cauſe, tant après qu'avant la connoiſſance des charges, & l'accuſé ſera admis à les prouver, ſi les Juges les trouvent pertinens & admiſſibles.

XVIII.

Le Conſeil de l'accuſé aura le droit d'être préſent à tous les actes de l'inſtruction, ſans pouvoir y parler au nom de l'accuſé, ni lui ſuggérer ce qu'il doit dire ou répondre, ſi ce n'eſt le cas d'une nouvelle viſite ou rapport quelconque, lors deſquels il pourra faire ſes obſervations, dont mention ſera faite dans le procès-verbal.

XIX.

L'accuſé aura le droit de propoſer, en tout état de cauſe, ſes défences & faits juſtificatifs ou d'atténuation; & la preuve ſera reçue de tous ceux qui ſeront jugés pertinens & même du fait de démence, quoiqu'ils n'ayent point été articulés par l'accuſé dans ſon interrogatoire, & autres actes de la procédure. Les témoins que l'accuſé voudra produire, ſans être tenus de les nommer ſur le champ, ſeront entendus publiquement, & pourront l'être en même tems que ceux de l'accuſateur ſur la continuation ou addition d'information.

XX.

Il fera libre à l'accufe, foit d'appeller fes témoins à fa requête, foit de les indiquer au Miniftère public, pour qu'il les faffe affigner; mais dans l'un ou l'autre cas, il fera tenu de commencer fes diligences ou de fournir l'indication de fes témoins, dans les trois jours de la fignification du jugement qui aura admis la preuve.

XXI.

Le rapport du procès fera fait par un des Juges, les conclufions du miniftère public données enfuite & motivées, le dernier interrogatoire prêté & le jugement prononcé, le tout à l'audience publique. L'accufé ne comparoîtra à cette audience, qu'au moment de l'interrogatoire, après lequel il fera reconduit, s'il eft prifonnier; mais fon Confeil pourra être préfent pendant la féance entière, & parler pour fa défenfe après le rapport fini, les conclufions données & le dernier interrogatoire prêté. Les Juges feront tenus de fe retirer enfuite à la chambre du Confeil, d'y opiner fur délibéré, & de reprendre incontinent leur féance publique pour la prononciation du jugement.

XXII.

Toute condamnation à peine afflictive ou infamante, en première inftance ou en dernier reffort, exprimera les faits pour lefquels l'accufé fera condamné fans qu'aucun Juge puiffe jamais employer la formule *pour les cas résultans du procès.*

XXIII.

Les personnes présentes aux actes publics de l'instruction criminelle, se tiendront dans le silence & le respect dû au Tribunal, & s'interdiront tout signe d'approbation ou d'improbation, à peine d'être emprisonnèes sur le champ, par forme de correction, pour le temps qui sera fixé par le Juge, & qui ne pourra cependant excéder huitaine, ou meme poursuivies extraordinairement, en cas de trouble ou d'indécence grave.

XXIV.

L'usage de la sellette au dernier interrogatoire, & la question, dans tous les cas, sont abolis.

XXV.

Aucune condamnation à peine afflictive ou infamante ne pourra être prononcée qu'aux deux tiers des voix, & la condamnation à mort ne pourra être prononcée par les juges en dernier ressort, qu'aux quatre cinquièmes.

XXVI.

Tout ce qui précède sera également observé dans les procès poursuivis d'office & dans ceux qui seront instruits en première instance dans les Cours supérieures. La même publicité y aura lieu pour le rapport, les conclusions, le dernier interrogatoire, le plaidoyer du défenfeur de l'accufé & le jugement, dans les procès criminels qui y feront portés par appel.

XXVII.

Dans les procès commencés, les procédures déjà faites fubfifteront, mais il fera procédé au furplus de l'inftruction & au jugement, fuivant les formes prefcrites par le préfent Décret, à peine de nullité.

XXVIII.

L'ordonnance de 1770 & les édits, déclarations & réglemens concernant la matière criminelle, continueront d'être obfervès en tout ce qui n'eft pas contraire au prèfent Décret, jufqu'à ce qu'il en ait été autrement ordonné.

DÉCRET du 21 Octobre 1789.

Sanctioné par le Roi.

L'Assemblée Nationale arrête que le Comité de Conftitution propofera, lundi prochain, à l'Affemblée un plan pour l'établiffement d'un tribunal chargé de juger les crimes de léze-Nation, & que provifoirement & jufqu'à ce que le tribunal ait été établi par l'Affemblée Nationale, le Chatelet de Paris eft autorifé à juger en dernier reffort les prévenus & accufés de crimes de léze-Nation, & que le préfent Décret qui lui donne cette commiffion, fera auffi préfenté à la fanction royale.

DÉCRET du 28 Octobre 1789.

Sanctioné par le Roi.

L'ASSEMBLÉE NATIONALE ajourne la queſtion ſur les vœux monaſtiques ; cependant & par proviſion décrète que l'émiſſion des vœux ſera ſuſpendue dans tous les monaſtères de l'un & l'autre ſexe, & que le préſent Décret ſera porté de ſuite à la ſanction royale, & envoyé à tous les Tribunaux & à tous les Monaſtères.

DÉCRET du 2 Novembre 1789.

Sanctioné par le Roi.

L'ASSEMBLÉE NATIONALE décrète, 1.° que tous les biens eccléſiaſtiques ſont à la diſpoſition de la Nation, à la charge de pourvoir d'une manière convenable, aux frais du culte, à l'entretien de ſes Miniſtres, & au ſoulagement des pauvres, ſous la ſurveillance & d'après les inſtructions des provinces.

2.° Que dans les diſpoſitions à faire pour ſubvenir à l'entretien des Miniſtres de la religion, il ne pourra être aſſuré à la dotation d'aucune Cure, moins de *douze cents livres par année*, non compris le logement & les jardins en dépendant.

DÉCRET du 23 Septembre 1789.

Sanctionné par le Roi.

L'ASSEMBLÉE NATIONALE prenant en considération les circonstances publiques relatives à la Gabelle & aux autres impôts, & les propositions du Roi énoncées dans le Discours du premier Ministre des finances, du 27 août dernier; considérant que par son Décret du 17 juin dernier, elle a maintenu la perception dans la forme ordinaire de toutes les impositions qui existent, jusqu'au jour de la séparation de l'Assemblée, *ou jusqu'à ce qu'il y ait été autrement pourvu*; considérant que l'exécution de ce Décret importe essentiellement au maintien de l'ordre public, & à la fidélité des engagemens que la Nation à pris sous sa sauve-garde; voulant néanmoins venir, autant qu'il est en elle, au secours des contribuables, en adoucissant dès-à-présent le régime des Gabelles, elle a décrété & décrète ce qui suit.

ARTICLE PREMIER.

LES Administrations provinciales, les Jurisdictions & les Municipalités du royaume, tant dans les villes que dans les campagnes, veilleront aux moyens d'assurer les recouvremens des droits subsistans, que tous les citoyens seront tenus d'acquitter avec la plus grande exactitude, & le Roi sera supplié de donner les ordres les plus exprès pour le rétabliſſement des barrières & des Employés, & pour le maintien de toutes les perceptions.

II.

LA Gabelle ſera ſupprimée auſſitôt que le remplacement en aura été concerté & aſſuré avec les Aſſemblées provinciales.

III.

PROVISOIREMENT, & à compter du 1.er Octobre prochain, le Sel ne ſera plus payé que trente livres par quintal, poids de marc, ou ſix ſols la livre, de ſeize onces, dans les greniers de grandes & petites Gabelles.

Les provinces qui payent le ſel un moindre prix, n'éprouveront aucune augmentation.

IV.

LES règlemens qui, dans pluſieurs villes, bourgs & paroiſſes des provinces de grandes Gabelles, ont établi le Sel d'impôt, n'auront plus lieu à compter du 1.er janvier prochain.

V.

LES règlemens qui, dans les mêmes provinces, ont ſoumis les contribuables impoſés à plus de trois livres de taille ou de capitation, à lever annuellement dans les greniers de leur reſſort une quantité déterminée de Sel, & qui leur ont défendu de faire de groſſes ſalaiſons ſans déclaration, n'auront plus lieu également, à compter du 1.er janvier prochain.

VI.

Tout habitant des provinces de grandes Gabelles jouira, comme il en eſt uſé dans celles de petites Gabelles, & dans celles des Gabelles locales, de la liberté des approviſionnemens du Sel néceſſaire à ſa conſommation dans tels greniers ou magaſins de ſa province qu'il voudra choiſir.

VII.

Tout habitant pourra appliquer à tel emploi que bon lui ſemblera, ſoit de menues, ſoit de groſſes ſalaiſons, le ſel qu'il aura ainſi levé; il pourra même faire à ſon choix les levées, ſoit aux greniers, ſoit chez les regratiers: il ſe conformera pour le tranſport, aux diſpoſitions du règlement qui ont été ſuivies juſqu'à préſent.

VIII.

Les ſaiſies domiciliaires ſont abolies & ſupprimées; il eſt défendu aux Employés & Commis des Fermes, de s'introduire dans les maiſons & lieux fermés, & d'y faire aucunes recherches ni perquiſitions.

IX.

Les amendes prononcées contre les Faux-ſauniers coupables du premier faux-ſaunage, & non payées par eux, ne pourront plus être converties en peines afflictives; & quant aux Faux-ſauniers en récidive, les loix qui les ſoumettent à une procédure criminelle & à des peines afflictives, ſont également révoquées ; ils ne pourront être condamnés qu'à des amendes doubles de celles encourues pour le premier Faux-ſaunage.

X.

LES Commiſſions extraordinaires & leurs délégations, en quelque lieu qu'elles ſoient établies, pour connoître de la contrebande, ſont dès-à-préſent révoquées ; en conſéquence, les conteſtations dont leſdites commiſſions connoiſſent, ſeront portées pardevant les tribunaux qui en doivent connoître.

DÉCRET du 15 Octobre 1789.

Sanctionné par le Roi.

L'ASSEMBLÉE NATIONALE décrète qu'il ne ſera plus accordé de paſſeports que pour un temps bref & déterminé & pour affaires urgentes ; quant aux paſſeports illimités pour cas de maladie, ils ne ſeront accordés à ceux qui les demandent, qu'après qu'ils auront été remplacés par leurs ſuppléans.

Décrète également que les Suppléans ne ſeront nommés à l'avenir que par tous les citoyens réunis ou légalement repréſentés ; de telle ſorte néanmoins que la dite loi n'aura point d'effet rétroactif pour les Suppléans déjà nommés.

Décrète enfin que huit jours après la première ſéance de l'Aſſemblée Nationale à Paris, il ſera fait un appel nominal de tous les membres qui la composent. Surcis jusqu'à ce jour à délibérer sur l'impression de la liste des absens, & son envoi dans les provinces.

DÉCRET du 26 Octobre 1789.

Sanctionné par le Roi.

L'Assemblée Nationale décrète que nulle convocation ou assemblée par ordre ne pourra avoir lieu dans le Royaume, comme contraire aux Décrets de l'Assemblée; & que celui du quinze octobre, qui ordonne que toutes les assemblées des Bailliages & Sénéchaussées se feront par individus & non par Ordre, sera envoyé par le pouvoir exécutif, ainsi que le présent Décret, à toutes les Provinces, Bailliages, Sénéchaussées, Municipalités & autres Corps administratifs du Royaume.

DÉCRET du 29 Septembre 1789.

Sanctionné par le Roi.

L'Assemblée Nationale a décrété l'abolition des droits de franc-fief ouverts, & la cessation absolue de toutes recherches ou poursuites sur cet objet.

DÉCRET du 3 Novembre 1789.

Sanctionné par le Roi.

L'ASSEMBLÉE NATIONALE décrète, en attendant l'époque peu éloignée où elle s'occupera de la nouvelle organiſation du pouvoir judiciaire, 1°. que tous les Parlemens du royaume continueront de reſter en vacances, & que ceux qui ſeroient rentrés reprendront l'état de vacance; que les chambres des vacations continueront ou reprendront leurs fonctions, & connoîtront de toutes cauſes, inſtances & procès, nonobſtant toutes loix & règlemens à ce contraires, juſqu'à ce qu'il ait été autrement ſtatué à cet égard, & que tous autres Tribunaux continueront à rendre la juſtice en la manière accoutumée. 2.° Que M.r le Préſident ſe retirera par-devers le Roi, pour lui demander ſa ſanction ſur ce Décret, & le ſupplier de faire expédier toutes lettres & ordres à ce néceſſaires.

CONSTITUTION
DES MUNICIPALITÉS.

DÉCRET du 14 Décembre 1789,

Accepté par le Roi.

ARTICLE PREMIER.

LES Municipalités actuellement subsistantes en chaque Ville, Bourg, Paroisse ou Communauté, sous le titre d'Hotels-de-Ville, Mairies, Echevinats, Consulats, & généralement sous quelque titre & qualification que ce soit, sont supprimées & abolies; & cependant les Officiers municipaux actuellement en exercice, continueront leurs fonctions jusqu'à ce qu'ils ayent été remplacés.

II.

LES Officiers & membres des Municipalités actuelles seront remplacés par voie d'élection.

III.

LES droits de présentation, nomination ou confirmation, & les droits de présidence ou de présence aux Assemblées municipales prétendus ou exercés, comme attachés à la possession de certaines terres, aux fonctions de Commandans de Province ou de Ville, aux Évêchés ou Archevêchés, & généralement à tel autre titre que ce puiſſe être, ſont abolis.

I V.

Le Chef de tout Corps municipal portera le nom de Maire.

V.

Tous les Citoyens actifs de chaque Ville, Bourg, Paroiſſe ou Communauté, pourront concourir à l'élection des membres du Corps municipal.

V I.

Les Citoyens actifs ſe réuniront en une ſeule Aſſemblée dans les Communautés où il y a moins de quatre mille habitans; en deux Aſſemblées, dans les Communautés de quatre mille à huit mille habitans; en trois Aſſemblées, dans les Communautées de huit mille à douze mille habitans, & ainſi de ſuite.

V I I.

Les Aſſemblées ne pourront ſe former par métiers, profeſſions ou corporations, mais par quartiers ou arrondiſſemens.

V I I I.

Les Aſſemblées des Citoyens actifs ſeront convoquées par le Corps municipal, huit jours avant celui où elles devront avoir lieu. La ſéance ſera ouverte en préſence d'un Citoyen chargé par le Corps municipal, d'expliquer l'objet de la convocation.

IX.

TOUTES les Assemblées particulières dans la même Ville ou Communauté, seront indiquées pour le même jour & à la même heure.

X.

CHAQUE Assemblée procédera, dès qu'elle sera formée, à la nomination d'un Président & d'un Secrétaire; il ne faudra pour cette nomination, que la simple pluralité relative des suffrages, en un seul scrutin receuilli & dépouillé par les trois plus anciens d'âge.

XI.

CHAQUE Assemblée nommera ensuite à la pluralité relative des suffrages trois scrutateurs, qui seront chargés d'ouvrir les scrutins subséquens, de les dépouiller, de compter les voix & de proclamer les résultats. Ces trois Scrutateurs seront nommés par un seul scrutin receuilli & dépouillé, comme le précédent, par les trois plus anciens d'âge.

XII.

LES conditions de l'éligibilité pour les Administrations muncipales seront les mêmes que pour les Administrations de département & de district; néanmoins les parens & alliés aux degrés de père & de fils, de beau-père & de gendre, de frères & beau-frères, d'oncle & de neveu, ne pourront être en même tems membre du même Corps municipal.

XIII.

Les Officiers municipaux & les notables dont il ſera parlé ci-après, ne pourront être nommés que parmi les Citoyens éligibles de la Commune.

XIV.

Les Citoyens qui occupent des places de Judicature, ne peuvent être en même tems membres des Corps municipaux.

XV.

Ceux qui ſont chargés de la perception des impôts indirects, tant que ces impôts ſubſiſteront, ne peuvent être admis en même tems aux fonctions municipales.

XVI.

Les Maires ſeront toujours élus à la pluralité abſolue des voix. Si le premier ſcrutin ne donne pas cette pluralité, il ſera procédé à un ſecond; ſi celui-ci ne la donne point eucore, il ſera procédé à un troiſième, dans lequel le choix ne pourra plus ſe faire qu'entre les deux Citoyens qui auront réuni le plus de voix au ſcrutin précédent. Enfin, s'il y avoit égalité de ſuffrages entr'eux, à ce troiſième ſcrutin, le plus âgé ſeroit préféré.

XVII.

La nomination des autres membres du Corps municipal ſera fait au ſcrutin de liſte double.

XVIII.

Dans les Villes ou Communautés où il y aura plusieurs Assemblées particulières des citoyens actifs, ces Assemblées ne seront regardées que comme des sections de l'Assemblée générale de la Ville ou Communauté.

XIX.

En conséquence, chaque section de l'Assemblée générale des Citoyens actifs fera parvenir à la Maison commune, ou Maison de ville, le recensement de son scrutin particulier, contenant la mention du nombre des suffrages que chaque citoyen nommé aura réunis en sa faveur; & le résultat général de tous ces recensemens sera formé dans la Maison commune.

XX.

Chaque section particulière de l'Assemblée générale des Citoyens actifs pourra envoyer à la Maison commune un Commissaire pour assister au recensemeut du scrutin.

XXI.

Ceux qui, dès le premier scrutin, réuniront la pluralité absolue, c'est à dire, la moitié des suffrages, & un en sus, seront deffinitivement élus.

Si au premier tour de scrutin il n'y a pas un nombre suffisant de citoyens élus à la pluralité absolue des voix, on procédera à un second scrutin; & ceux qui obtiendront cette seconde fois la pluralité

ralité abſolue, feront de même élus définitivement.

Enfin, ſi le nombre néceſſaire n'eſt pas rempli par les deux premiers ſcrutins, il en ſera fait un troiſième & dernier; & à celui-ci il ſuffira, pour être élu, d'obtenir la pluralité relative des ſuffrages.

XXII.

Les citoyens qui, par l'événement du ſcrutin, auront été nommés membres du Corps municipal, ſeront proclamés par les Officiers municipaux en exercice.

XXIII.

Dans les Villes où l'Aſſemblée générale des Citoyens actifs ſera diviſée en pluſieurs ſections, les ſcrutins de ces diverſes ſections ſeront recenſés à la Maiſon commune, le plus promptement qu'il ſera poſſible; enſorte que les ſcrutins ultérieurs, s'ils ſe trouvent néceſſaires, puiſſent ſe faire dès le jour même, & au plus tard le lendemain.

XXIV.

Après les élections, les Citoyens actifs de la Communauté ne pourront ni reſter Aſſemblés, ni s'aſſembler de nouveau en corps de Commune, ſans une convocation expreſſe ordonnée par le conſeil général de la Commune, dont il va être parlé ci-après. Ce Conſeil ne pourra la refuſer, ſi elle eſt requiſe par le ſixième des Citoyens actifs dans les Communautés au-deſſous de 4,000 ames, & par

150 Citoyens actifs dans toutes les autres Communautés.

XXV.

Les membres des Corps municipaux des Villes, Bourgs, Paroisses ou Communautés seront au nombre de trois, y compris le Maire, lorsque la population sera au-dessous de 500 ames :

De six, y compris le Maire, depuis 500 ames jusqu'à 3,000 :

De neuf, depuis 3,000 ames jusqu'à 10,000 :

De douze, depuis 10,000 ames jusqu'à 25,000 :

De quinze, depuis 25,000 jusqu'à 50,000 ;

De dix-huit, depuis 50,000 ames jusqu'à 100,000 ;

De vingt-un, au-dessus de 100,000 ames.

Quand à la ville de Paris, attendu son immense population, elle sera gouvernée par un Règlement particulier, qui sera donné par l'Assemblée Nationale, sur les mêmes bases & d'après les mêmes principes que le Règlement général de toutes les Municipalités du Royaume.

XXVI.

Il y aura dans chaque Municipalité un Procureur de la Commune, sans voix délibérative ; il sera chargé de défendre les intérêts, & de poursuivre les affaires de la Communauté.

XXVII.

Dans les villes au-dessus de 10,000 ames, il y aura en outre un Substitut du Procureur de l

Commune, lequel, à défaut de celui-ci, exercera ses fonctions.

XXVIII.

Le Procureur de la Commune sera nommé par les Citoyens actifs au scrutin, & à la pluralité absolue des suffrages, dans la forme & selon les règles prescrites par l'Article XV ci-dessus, pour l'élection du Maire.

XXIX.

Le substitut du Procureur de la Commune, lorsqu'il y aura lieu d'en nommer un, sera élu de la même manière.

XXX.

Les Citoyens actifs de chaque Communauté, nommeront par un seul scrutin de liste, & à la pluralité relative des suffrages, un nombre de Notables double de celui des membres du Corps Municipal.

XXXI.

Ces Notables formeront avec les membres du Corps Municipal, le Conseil général de la Commune, & ne seront appellés que pour les affaires importantes, ainsi qu'il sera dit ci-après.

XXXII.

Il y aura en chaque Municipalité, un Secrétaire-greffier nommé par le Conseil général de la Commune. Il prêtera serment de remplir fidèlement ses fonctions, & pourra être changé lorsque le Conseil général, convoqué à cet effet, l'aura jugé convenable à la majorité des voix.

XXXIII.

Le Conseil général de la Commune pourra aussi, suivant les circonstances, nommer un Trésorier, en prenant les précautions nécessaires pour la sûreté des fonds de la Communauté. Ce Trésorier pourra être changé comme le Secrétaire-greffier.

XXXIV.

Chaque Corps Municipal composé de plus de trois membres, sera divisé en Conseil & en Bureau.

XXXV.

Le Bureau sera composé du tiers des Officiers Municipaux, y compris le Maire, qui en fera toujours partie ; les deux autres tiers formeront le Conseil.

XXXVI.

Les membres du Bureau seront choisis par le Corps Municipal, tous les ans, & pourront être réélus pour une seconde année.

XXXVII.

Le Bureau sera chargé de tous les soins de l'exécution, & borné à la simple régie. Dans les Municipalités réduites à trois membres, l'exécutiou sera confiée au Maire seul.

XXXVIII

Le Conseil Municipal s'assemblera au moins une

fois par mois; il commencera par arrêter les comptes du Bureau, lorſqu'il y aura lieu; & après cette opération faite, les membres du Bureau auront ſéance & voix délibératives avec ceux du Conſeil.

XXXIX.

TOUTES les délibérations néceſſaires à l'exercice des fonctions du Corps Municipal, ſeront priſes dans l'Aſſemblée des membres du Conſeil & du Bureau réunis, à l'exception des délibérations relatives à l'arrêté des comptes qui, comme il vient d'être dit, ſeront priſes par le Conſeil ſeul.

XL.

LA préſence des deux tiers, au moins des membres du Conſeil ſera néceſſaire pour recevoir les comptes du Bureau; & celle de la moitié, plus un des membres du Corps Municipal, pour prendre les autres déliberations.

XLI.

DANS les villes au-deſſus de 25,000 ames, l'Adminiſtration Municipale pourra ſe diviſer en ſections, à raiſon de la diverſité des matières.

XLII.

LES Officiers Municipaux & les Notables ſeront élus pour deux ans, & renouvellés par moitié chaque année. Le ſort déterminera ceux qui devront ſortir à l'époque de l'élection qui ſuivra la première. Quand le nombre ſera impair, il ſortira alternativement un membre de plus ou un membre de moins.

XLIII.

Le Maire reſtera en exercice pendant deux ans; il pourra être réélu pour deux autres années; mais enſuite il ne ſera permis de l'élire de nouveau, qu'après un intervalle de deux ans.

XLIV.

Le Procureur de la Commune & ſon Subſtitut conſerveront leurs places pendant deux ans, & pourront également être réélus pour deux autres années; néanmoins, à la ſuite de la première élection, le Subſtitut du Procureur de la Commune n'exercera ſes fonctions qu'une année; & dans toutes les élections ſuivantes, le Procureur de la Commune & ſon Subſtitut ſeront remplacés ou réélus alternativement chaque année.

XLV.

Les Aſſemblées d'Election pour les renouvellemens annuels ſe tiendront dans tout le Royaume, le Dimanche d'après la Saint-Martin, ſur la convocation des Officiers Municipaux.

XLVI.

Si la place de Maire, ou de Procureur de la Commune ou de ſon Subſtitut, devient vacante par mort, démiſſion ou autrement, il ſera convoqué une Aſſemblée extraordinaire des Citoyens actifs, pour procéder à une nouvelle élection.

XLVII.

LORSQU'UN membre du Confeil Municipal viendra à mourir, ou donnera fa démiffion, ou fera deftitué, ou fufpendu de fa place, ou paffera dans le Bureau Municipal, il fera remplacé de droit, pour le temps qui lui reftoit à remplir, par celui des Notables qui aura réuni le plus de fuffrages.

XLVIII.

AVANT d'entrer en exercice le Maire & les autres membres du Corps Municipale, le Procureur de la Commune & fon Subftitut, s'il y en a un, prêterons le ferment *de maintenir de tout leur pouvoir la Conftitution du Royaume, d'être fidèle à la Nation, à la Loi & au Roi, & de bien remplir leurs fonctions*. Ce ferment fera prêté à la prochaine élection devant la Commune, & devant le Corps Municipal aux élections fuivantes.

XLIX.

LES Corps Municipaux auront deux efpèces de fonctions à remplir : lesunes propres au pouvoir Municipal, les autres propres à l'Adminiftration générale de l'Etat, & déléguées par elle aux Municipalités.

L.

LES fonctions propres au pouvoir Municipal, fous la furveillance & l'infpection des Affemblées adminiftratives, font :

De régir les biens & revenus communs des Villes, Bourgs, Paroiffes & Communautés ;

De régler & d'acquitter celles des dépenses locales qui doivent être payées des deniers communs;

De diriger & faire exécuter les travaux publics qui sont à la charge de la Communauté;

D'administrer les établissemens qui appartiennent à la Commune, qui sont entretenus de ses deniers, ou qui sont particulièrement destinés à l'usage des Citoyens dont elle est composée;

De faire jouir les habitants des avantages d'une bonne Police, notamment de la propreté, de la salubrité, de la sûreté & de la tranquillité dans les rues, lieux & édifices publics.

L I.

Les fonctions propres à l'administration générale, qui peuvent être déléguées aux Corps Municipaux pour les exercer sous l'autorité des Assemblées administratives, sont:

La répartition des contributions directes entre les Citoyens dont la Communauté est composée;

La perception de ces contributions;

Le versement de ces contributions dans les caisses du District ou du Département;

La direction immédiate des travaux publics dans le ressort de la Municipalité;

La régie immédiate des établissemens publics destinés à l'utilité générale;

La surveillance & l'agence nécessaires à la conservation des propriétés publiques.

L'inspection directe des travaux de réparation ou

de reconſtruction des Egliſes, Presbytères & autres objets relatifs au ſervice du culte Religieux.

LII.

POUR l'exercice des fonctions propres ou déléguées aux Corps Municipaux, ils auront le droit de requérir le ſecours néceſſaire des Gardes Nationales & autres forces publiques, ainſi qu'il ſera plus amplement expliqué.

LIII.

LE Maire & les autres membres du Corps Municipal, le Procureur de la Commune & ſon Subſtitut ne pourront exercer en même temps les fonctions Municipales & celles de la Garde Nationale.

LIV.

LE Conſeil général de la Commune, compoſé, tant des membres du Corps Municipal que des Notables, ſera convoqué toutes les fois que l'Adminiſtration Municipale le jugera convenable. Elle ne pourra ſe diſpenſer de le convoquer lorſqu'il s'agira de délibérer,

Sur des acquiſitions ou aliénations d'immeubles;

Sur des impoſitions extraordinaires pour dépenſes locales;

Sur des emprunts;

Sur des travaux à entreprendre;

Sur l'emploi du prix des ventes, des rembourſemens ou de recouvremens;

Sur les procès à intenter;

Même ſur les procès à ſoutenir, dans le cas où le fond du droit ſera conteſté.

L V.

LES Corps Municipaux ſeront entiérement ſubordonnés aux Adminiſtrations de Département & de Diſtrict, pour tout ce qui concernera les fonctions qu'ils auront à exercer par délégation de l'Adminiſtration générale.

L V I.

QUANT à l'exercice des fonctions propres au pouvoir Municipal, toutes les délibérations pour leſquelles la convocation du Conſeil général de la Commune eſt néceſſaire, ſuivant l'article LIV, ci-deſſus, ne pourront être exécutées qu'avec l'approbation de l'Adminiſtration ou du directoire de Département, qui ſera donnée, s'il y a lieu, ſur l'avis de l'Adminiſtration ou du directoire de Diſtrict.

L V I I.

TOUS les comptes de la régie des Bureaux Municipaux, après qu'ils auront été reçus par le Conſeil Municipal, ſeront vérifiés par l'Adminiſtration ou le directoire de Diſtrict & arrêtés définitivement par l'Adminiſtration ou le directoire de Département, ſur l'avis de celle de Diſtrict ou de ſon directoire.

L V I I I.

DANS toutes les Villes au-deſſus de quatre mille ames, les comptes de l'Adminiſtration Municipale, en recette & dépenſe, ſeront imprimés chaque année.

L I X.

DANS toutes Communautés, sans distinction, les Citoyens actifs pourront prendre au Greffe de la Municipalité, sans déplacer & sans frais, communication des comptes, des pièces justificatives & des délibérations du Corps Municipal, toutes les fois qu'ils le requerront.

L X.

SI un Citoyen croit être personnellement lézé par quelqu'acte du Corps Municipal, il pourra exposer ses sujets de plainte à l'Administration ou au directoire de Département, qui y fera droit; sur l'avis de l'Administration de District, qui sera chargée de vérifier les faits.

L X I.

TOUT Citoyen actif pourra signer & présenter contre les Officiers Municipaux, la dénonciation des délits d'administration dont il prétendra qu'ils se seroient rendus coupables; mais avant de porter cette dénonciation dans les Tribunaux, il sera tenu de la soumettre à l'Administration ou au directoire de Département, qui, après avoir pris l'avis de l'Administration de District ou de son directoire, renverra la dénonciation, s'il y a lieu, devant les Juges qui en devront connoître.

L X I I.

LES Citoyens actifs ont le droit de se réunir paisiblement, & sans armes, en Assemblées particulières, pour rédiger des adresses & pétitions, soit au Corps

Municipal, ſoit aux Adminiſtrations de Département & de Diſtrict, ſoit au Corps légiſlatif, ſoit au Roi, ſous la condition de donner avis aux Officiers Municipaux, du temps & du lieu de ces Aſſemblées, & de ne pouvoir députer que dix Citoyens pour apporter & préſenter ces adreſſes & pétitions.

DÉCRET du 28 Décembre 1789.

Sanctionné par le Roi.

DANS les Provinces où les Officiers Municipaux ſont en poſſeſſion d'exercer des fonctions de la Juriſdiction contentieuſe ou volontaire, ceux qui vont être élus, exerceront par proviſion, les mêmes fonctions, comme par le paſſé, juſqu'à la nouvelle organiſation de l'ordre Judiciaire.

DÉCRETS des 29 & 30 Décembre 1789.

Sanctionnés par le Roi.

ARTICLE PREMIER.

NUL Citoyen ne pourra exercer, en même-temps, dans la même Ville où Communauté, les fonctions Municipales & les fonctions Militaires.

I I.

Aux prochaines élections, lorsque les Assemblées primaires des Citoyens actifs de chaque canton où les Assemblées particulières de Communauté auront été formées, & aussi-tôt après que le Président & le Secrétaire auront été nommés, il sera, avant de procéder à aucune autre élection, prêté par le Président & le Secrétaire, en présence de l'Assemblée, & ensuite par les Membres de l'Assemblée, entre les mains du Président, le serment de *maintenir de tout leur pouvoir la Constitution du Royaume; d'être fidèles à la Nation, à la Loi & au Roi; de choisir, en leur ame & conscience, les plus dignes de la confiance publique, & de remplir avec zèle & courage les fonctions Civiles & Politiques qui pourront leur être confiées.* Ceux qui refuseront de prêter ce serment, seront incapables d'élire & d'être élus.

I I I.

Le premier Elu des Suppléans, sera le premier appellé en remplacement; le second après lui, & ainsi de suite.

I V.

Les Citoyens qui seront élus pour remplir, avec le Maire, les places de la Municipalité, porteront dans tout le Royaume le seul nom d'*Officiers Municipaux*.

V.

Les Adminiſtrations de Département & de Diſtricts, & les Corps Municipaux, auront chacun dans leur territoire, en toute cérémonie publique, la préſéance ſur les Officiers & les Corps civils & militaires.

VI.

Le Conſeil Municipal, lorſqu'il recevra les comptes des Bureaux, ſera préſidé par le premier Elu des Membres qui compoſeront le Conſeil.

VII.

Les Juges & les Officiers de Juſtice, tant des Sièges Royaux, même de ceux d'exception, que des Juriſdictions Seigneuriales, pourront, aux prochaines élections, être choiſis pour les places des Municipalités & des Adminiſtrations de Département & de Diſtricts; mais s'ils reſtent Juges ou Officiers de Juſtice par l'effet de la nouvelle Organiſation de l'ordre judiciaire, ils ſeront tenus d'opter.

DÉCRET du 5 Novembre 1789.

Sanctionné par le Roi.

L'Assemblée Nationale a décrété :

1.° Qu'il ſera demandé à M. le Garde-des-Sceaux & aux Secrétaires d'Etat, de repréſenter les certificats ou accufés de réception des Décrets de l'Affemblée Nationale, fpécialement du Décret concernant la réformation de la Procédure criminelle, qu'ils ont dû recevoir des Dépofitaires du pouvoir judiciaire, & des Commiffaires départis dans les Généralités, auxquels l'envoi en a été fait; & qu'il fera provifoirement furfis à l'exécution de tout Jugement en dernier reffort, & Arrêt rendu dans la forme ancienne, par quelque Tribunal ou Cour de Juftice que ce foit, poftérieurement à l'époque où le Décret a dû parvenir à chaque Tribunal.

2.° Que toute Cour, même en vacation, Tribunal, Municipalité & Corps adminiftratifs, qui n'auront pas infcrit fur leurs regiftres, dans les trois jours après la réception, & fait publier dans la huitaine les Loix faites par les Repréfentans de la Nation, fanctionnées ou acceptées, & envoyées par le Roi, feront pourfuivis, comme prévaricateurs dans leurs fonctions, & coupables de forfaiture.

3.° Que les dénonciations faites contre les Tribunaux qui auroient refufé d'exécuter les Décrets de l'Affemblée, feront remifes au Comité des Recherches, avec les pièces jointes auxdites dénonciations, pour en être inceffamment rendu compte à l'Affemblée Nationale.

DÉCRETS des 18 & 20 Janvier 1790.

Sanctionnés par le Roi.

1.° Tous les actes relatifs aux élections faites en conformité des Lettres-Patentes, par lesquelles Nous avons ordonné l'exécution des Décrets de l'Assemblée Nationale, & les Délibérations qui seront prises pour la constitution des Municipalités & autres Corps administratifs, ainsi que pour toutes les opérations administratives, seront exempts de la formalité du contrôle, & des droits de papier timbré par quelques personnes que lesdits actes ou délibérations soient reçus.

2.° Lesdits actes & délibérations seront transcrits de suite & sans intervalle, sur le registre à ce destiné, coté par pages, & paraphé par première & dernière feuille, par le Président de l'Assemblée.

3.° Lesdits actes & délibérations seront faits doubles, & une expédition en sera envoyée au District pour y être transcrite.

4.° Les Villes, Villages, Paroisses & Communautés, qui ont été jusqu'aujourd'hui mi-parties entre différentes Provinces, se réuniront pour ne former qu'une seule & même Municipalité, dont l'Assemblée se tiendra dans le lieu où est situé le Clocher.

5.° Dans ces Communautés mi-parties, la convocation se fera par les deux Municipalités anciennes, chacune pour la partie qui la concernera; & l'Assemblée générale sera présidée par celui des deux Chefs Municipaux qui sera le plus avancé en âge.

DÉCRET du 15 Janvier 1790,

Relatif aux conditions exigées pour être Citoyen actif.

Sanctionné par le Roi.

L'Assemblée Nationale considérant que, forcée d'imposer quelques conditions à la qualité de Citoyen actif, elle a dû rendre au peuple ces conditions aussi faciles à remplir qu'il est possible; que le prix des trois journées de travail, exigées pour être Citoyen actif, ne doit pas être fixé sur les journées d'industrie susceptibles de beaucoup de variations, mais sur celles employées au travail de la terre; a Décrété provisoirement ce qui suit:

1.° Dans la fixation du prix des journées de travail pour être Citoyen actif, l'on ne pourra excéder la somme de vingt sous, sans que cette fixation, qui n'a pour objet que de régler une des conditions des Citoyens actifs, puisse rien changer ni préjuger, relativement au prix effectif plus fort qu'on a coutume de payer les journées dans les divers lieux.

2.° L'on ne pourra recommencer les Elections déjà faites, sous prétexte que la fixation du prix de la journée de travail auroit été trop forte.

CONSTITUTION

DES ASSEMBLÉES PRIMAIRES ET DES ASSEMBLÉES ADMINISTRATIVES.

DÉCRET du 22 Décembre 1789.

Sanctionné par le Roi.

ARTICLE PREMIER.

IL sera fait une nouvelle division du Royaume en *Départemens*, tant pour la représentation, que pour l'administration. Ces Départemens seront au nombre de soixante-quinze à quatre-vingt-cinq.

II.

Chaque Département sera divisé en *Districts*, dont le nombre, qui ne pourra être ni au-dessous de trois, ni au-dessus de neuf, sera réglé par l'Assemblée Nationale, suivant le besoin & la convenance du Département, après avoir entendu les Députés des Provinces.

III.

CHAQUE District sera partagé en divisions appellées *Cantons*, d'environ quatre lieues quarrées, (lieues communes de France).

V I.

La nomination des Repréſentans â l'Aſſemblée Nationale, ſera faite par Départemens.

V.

Il ſera établi au Chef-lieu de chaque Département, une Aſſemblée Adminiſtrative ſupérieure, ſous le titre *d'Adminiſtration de Département.*

V I.

Il ſera également établi au Chef-lieu de chaque Diſtrict, une Aſſemblée Adminiſtrative inférieure, ſous le titre d'*Adminiſtration de Diſtrict.*

V I I.

Il y aura une Municipalité en chaque Ville, Bourg, Paroiſſe ou Communauté de Campagne.

V I I I.

Les Repréſentans nommés à *l'Aſſemblée Nationale* par les Départemens, ne pourront pas être regardés comme Repréſentans d'un Département particulier, mais comme les Repréſentans de la totalité des Départemens, c'eſt-à-dire, de la Nation entière.

I X.

Les Membres nommés à l'*Adminiſtration de Département*, ne pourront être regardés que comme les Repréſentans du Département entier, & non d'aucun Diſtrict en particulier.

X.

LES Membres nommés à l'*Aminiſtration de Diſtrict*, ne pourront être regardés que comme les Repréſentans de la totalité du Diſtrict, & non d'aucun Canton en particulier.

XI.

AINSI les Membres des Adminiſtrations de Diſtrict & de Département, & les Repréſentans à l'Aſſemblée Nationale, ne pourront jamais être révoqués, & leur deſtitution ne pourra être que la ſuite d'une forfaiture jugée.

XII.

LES Aſſemblées Primaires dont il va être parlé, celles des Electeurs des Adminiſtrations de Département, des Adminiſtrations de Diſtrict & des Municipalités, ſeront Juges de la validité des titres de ceux qui voudront y être admis.

SECTION PREMIÈRE.

De la formation des Aſſemblées pour l'élection des Repréſentans de l'Aſſemblée Nationale.

ARTICLE PREMIER.

TOUS les Citoyens qui auront le droit de voter, ſe réuniront, non en Aſſemblées de Paroiſſe ou de Communauté, mais en Aſſemblées Primaires, par Cantons.

II.

Les Citoyens actifs, c'eſt-à-dire, ceux qui réuniront les qualités qui vont être détaillées ci-après, auront ſeuls le droit de voter, & de ſe réunir pour former dans les Cantons, des Aſſemblées Primaires.

III.

Les qualités neceſſaires pour être Citoyen actif, ſont; 1°. d'être François, ou devenu François; 2°. d'être majeur de vingt-cinq ans accomplis; 3°. d'être domicilié de fait dans le Canton, au moins depuis un an; 4°. de payer une contribution directe, de la valeur locale de trois journées de travail; 5°. de n'être point dans l'état de domeſticité, c'eſt-à-dire, de ſerviteur à gages.

VI.

Les Aſſemblées Primaires formeront un tableau des Citoyens de chaque Canton, & y inſcriront, chaque année, dans un jour marqué, tous ceux qui auront atteint l'âge de vingt-un ans, après leur avoir fait prêter ſerment de fidélité à la Conſtitution, aux Loix de l'Etat & au Roi: nul ne pourra être Electeur, & ne ſera Eligible dans les Aſſemblées Primaires, lorſqu'il aura accompli ſa vingt-cinquième année, s'il n'a été inſcrit ſur ce tableau civique.

V.

Aucun Banqueroutier, Failli ou Débiteur inſolvable, ne pourra être admis dans les Aſſemblées Primaires, ni devenir ou reſter Membre, ſoit de l'Aſſemblée

semblée Nationale, soit des Assemblées Administratives, soit des Municipalités.

VI.

Il en sera de même des enfans qui auront reçu & qui auront pris, à quelque titre que ce soit, une portion des biens de leur père mort insolvable, sans payer leur part virile de ses dettes ; excepté seulement les enfans mariés, & qui auront reçu des dots avant la faillite de leur père, ou avant leur insolvabilité entièrement connue.

VII.

Ceux qui, étant dans un de ces cas d'exclusion ci-dessus, feront cesser la cause de cette exclusion, en payant leurs Créanciers, ou en acquittant leur portion virile des dettes de leur père, rentreront dans les droits de Citoyen actif, pourront être Electeurs, & seront éligibles, s'ils réunissent les conditions prescrites.

VIII.

Il sera dressé en chaque Municipalité un tableau des Citoyens actifs, avec désignation des éligibles. Ce tableau ne comprendra que les Citoyens qui réuniront les conditions ci-dessus prescrites, qui rapporteront l'acte de leur inscription civique, aux termes de l'Article IV, & qui, depuis l'âge de vingt-cinq ans, auront prêté publiquement à l'Administration de District, entre les mains de celui qui présidera, le serment *de maintenir de tout leur pouvoir la Constitution du Royaume, d'être fidèle à la Nation, à la*

Loi & au Roi, & de remplir avec zèle & courage les fonctions civiles & politiques qui leur seront confiées.

IX.

NUL Citoyen ne pourra exercer son droit de Citoyen actif dans plus d'un endroit; & dans aucune Assemblée, personne ne pourra se faire représenter par un autre.

X.

IL n'y a plus en France de distinction d'Ordre; en conséquence, pour la formation des Assemblées Primaires, les Citoyens actifs se réuniront sans aucune distinction, de quelqu'état & condition qu'ils soient.

XI.

IL y aura au moins une Assemblée Primaire en chaque Canton.

XII.

LORSQUE le nombre des Citoyens actifs d'un Canton ne s'élévera pas à neuf cents, il n'y aura qu'une Assemblée en ce Canton; mais dès le nombre de neuf cents, il s'en formera deux de quatre cent cinquante chacune.

XIII.

CHAQUE Assemblée tendra toujours à se former, autant qu'il sera possible, au nombre de six cents, de telle sorte néanmoins, que s'il y a plusieurs Assemblées dans un Canton, la moins nombreuse soit au moins de quatre cent cinquante.

Ainsi, au-delà de neuf cents, mais avant mille

cinquante, il ne pourra y avoir une Aſſemblée complette de ſix cents, puiſque la ſeconde auroit moins de quatre cent cinquante.

Dès le nombre de mille cinquante & au-delà, la première Aſſemblée ſera de ſix cents, & la deuxième de quatre cent cinquante, ou plus.

Si le nombre s'élève à quatorze cents, il n'y en aura que deux, une de ſix cents, & l'autre de huit cents; mais à quinze cents, il s'en formera trois; une de ſix cents, & deux de quatre cent cinquante, & ainſi de ſuite, ſuivant le nombre des Citoyens actifs de chaque Canton.

X I V.

DANS les Villes de quatre mille ames & au-deſſous, il n'y aura qu'une Aſſemblée Primaire; il y en aura deux dans celles qui auront quatre mille ames jusqu'à huit mille, trois dans celles de huit mille ames juſqu'à douze mille, & ainſi de ſuite. Ces Aſſemblées ſeront formées par quartiers ou arrondiſſemens.

X V.

CHAQUE Aſſemblée Primaire, auſſi-tôt qu'elle ſera formée, élira ſon Préſident & ſon Secrétaire au ſcrutin individuel, & à la pluralité abſolue des voix; juſques-là le Doyen d'âge tiendra ſa ſéance; les trois plus anciens d'âge après le Doyen, recueilleront & dépouilleront le ſcrutin, en préſence de l'Aſſemblée.

XVI.

Il fera procédé enfuite en un feul fcrutin de lifte fimple, à la nomination de trois Scrutateurs, qui recevront & dépouilleront les fcrutins fubféquens : celui-ci fera encore recueilli & dépouillé par les trois plus anciens d'âge.

XVII.

Les Affemblées Primaires nommeront un Electeur, à raifon de cent Citoyens actifs, préfens ou non préfens à l'Affemblée, mais ayant droit d'y voter, en forte que jufqu'à cent cinquante Citoyens actifs, il fera nommé un Electeur, & qu'il en fera nommé deux, depuis cent cinquante-un Citoyens actifs jufqu'à deux cent cinquante, & ainfi de fuite.

XVIII.

Chaque Affemblée Primaire choifira les Electeurs qu'elle aura droit de nommer, dans tous les Citoyens éligibles du Canton.

XIX.

Pour être éligible dans les Affemblées Primaires, il faudra réunir aux qualités de Citoyen actif ci-deffus détaillées, la condition de payer une contribution directe plus forte, & qui fe monte au moins à la valeur locale de dix journées de travail.

XX.

Les Electeurs feront choifis par les Affemblées Primaires,

Primaires, en un feul fcrutin de lifte double, du nombre des Electeurs qu'il s'agira de nommer.

XXI.

Il n'y aura qu'un feul degré d'élection intermédiaire entre les Affemblés Primaires & l'Affemblée Nationale.

XXII.

Tous les Electeurs nommés par les Affemblées Primaires de chaque département, fe réuniront fans diftinction d'état ni de condition, en une feule Affemblée, pour élire enfemble les Repréfentans à l'Affemblée Nationale.

XXXXIII.

Cette Affemblée de tous les Electeurs de Département fe tiendra alternativement dans les Chefs-lieux des différens Diftricts de chaque Département.

XXIV.

Aussi-tôt que l'Affemblée des Electeurs fera formée, elle élira fon Préfident, fon Secrétaire & fon Scrutateur, en la forme prefcrite par les Articles XVI & XVII ci-deffus, pour les Affemblées Primaires.

XXV,

Les Repréfentans à l'Affemblée Nationale feront élus au fcrutin individuel, & à la pluralité abfolue des fuffrages.

Si le premier fcrutin, recueilli pour chaque Repréfentant qu'il s'agit de nommer, ne détermine pas l'élection par la pluralité absolue, il sera procédé à un second scrutin.

Si ce second scrutin ne donne pas encore la pluralité absolue, il sera procédé à un troisième, entre les deux Citoyens seulement qui seront reconnus par les Scrutateurs, & annoncés à l'Assemblée avoir obtenu le plus grand nombre de suffrages.

Enfin, si à ce troisième scrutin les suffrages étoient partagés, le plus ancien d'âge seroit préféré.

XXVI.

Le nombre des Représentans qui composeront l'Assemblée Nationale, sera égal au nombre des Départemens du Royaume, multiplié par neuf.

XXVII.

Le nombre des Représentans à nommer à l'Assemblée Nationale, sera distribué entre tous les Départemens du Royaume, selon les trois proportions du territoire, de la population & de la contribution directe.

XXVIII.

Le premier tiers du nombre total des Représentans formant l'Assemblée Nationale, sera attaché au territoire, & chaque Département nommera également trois Représentans de cette classe.

XXIX.

Le second tiers sera attribué à la population; la somme totale de la population du Royaume, sera divisée en autant de parts que ce second tiers donnera de Représentans ; & chaque Département nommera autant de Représentans de cette seconde classe, qu'il contiendra de parts de population.

XXX.

LE dernier tiers sera attribué à la contribution directe ; la masse entière de la contribution directe du Royaume sera divisée en autant de parts qu'il y aura de Représentans dans ce dernier tiers ; & chaque Département nommera autant de Représentans de cette troisième classe qu'il payera de parts de contribution directe.

XXXI.

LES Représentans à l'Assemblée Nationale élus par chaque Assemblée de Département, ne pourront être choisis que parmi les Citoyens éligibles du Département.

XXXII.

POUR être éligible à l'Assemblée Nationale, il faudra payer une contribution directe, équivalente à la valeur d'un marc d'argent, & en outre avoir une propriété foncière quelconque.

XXXIII.

LES Electeurs nommeront par scrutin de liste double, à la pluralité relative des suffrages, un nombre de Suppléans égal au tiers de celui des Représentans à l'Assemblée Nationale, pour remplacer ceux-ci, en cas de mort ou de démission.

XXXIV.

L'ACTE d'élection fera le feul titre des fonctions des Repréfentans de la Nation ; la liberté de leurs fuffrages ne pouvant être gênée par aucun mandat particulier, les Affemblées Primaires & celles des Electeurs adrefferont directement au Corps Légiflatif les pétitions & inftructions qu'elles voudront lui faire parvenir.

XXXV.

LES Affemblées Primaires & les Affemblées d'élection ne pourront, après les élections finies, ni continuer leurs féances, ni les reprendre, jufqu'à l'époque des élections fuivantes.

SECTION II.

De la Formation & de l'Organifation des Affemblées Adminiftratives.

ARTICLE PREMIER.

IL N'y aura qu'un feul dégré d'élection intermédiaire entre les Affemblées Primaires & les Affemblées Adminiftratives.

II.

APRÈS avoir nommé les Repréfentans à l'Affemblée Nationale, les mêmes Electeurs éliront en chaque Département les Membres qui, au nombre de trente-fix, compoferont l'*Adminiftration de Département*.

III.

LES Electeurs de chaque Diftrict fe réuniront enfuite

ensuite au chef-lieu de leur Diſtrict, & y nommeront les Membres qui, au nombre de 12, composeront l'*Administration de Diſtrict.*

IV.

Les Membres de l'Adminiſtration de Département ſeront choiſis parmi les Citoyens éligibles de tous les Diſtricts du Département, de manière cependant qu'il y ait toujours dans cette Adminiſtration, deux Membres au moins de chaque Diſtrict.

V.

Les Membres de l'Adminiſtration de Diſtrict ſeront choiſis parmi les Citoyens éligibles de tous les Cantons du Diſtrict.

VI.

Pour être éligible aux Adminiſtrations de Département & de Diſtrict, il faudra réunir aux conditions requiſes pour être Citoyen actif, celle de payer une contribution directe plus forte, & qui ſe monte au moins à la valeur locale de dix journées de travail.

VII.

Ceux qui ſeront employés à la levée des impoſitions indirectes, tant qu'elles ſubſiſteront, ne pourront être en même temps Membres des Adminiſtrations de Département & de Diſtrict.

VIII.

Les Membres des Corps Municipaux ne pourront

être en même temps Membres des Administrations de Département & de District.

IX.

LES Membres des Administrations de District ne pourront être en même temps Membres des Administrations de Département.

X.

LES Citoyens qui rempliront les places de judicature, & qui auront les condtions d'éligi bilité prescrites, pourront être Membres des Administrations de Département & de District, mais ne pourront être nommés aux directoires dont il sera parlé ci-après.

XI.

LES Membres des Administrations de Département & de District seront choisis par les Electeurs en trois scrutins de liste double; à chaque scrutin, ceux qui auront la pluralité absolue, seront élus définitivement, & le nombre de ceux qui resteront à nommer au troisième scrutin, sera rempli à la pluralité relative.

XII.

CHAQUE Administration, soit de Département, soit de District, sera permanente, & les Membres en seront renouvelés par moitié tous les deux ans; la première fois au sort, après les deux premières années d'exercice, & ensuite à tour d'ancienneté.

XIII.

Les Membres des Adminiſtrations ſeront ainſi en fonctions pendant quatre ans, à l'exception de ceux qui ſortiront, par le premier renouvellement, au ſort après les deux premières années.

XIV.

En chaque adminiſtration de Départemnt, il y aura un Procureur-Général-Syndic; en chaque adminiſtration de Diſtrict, un Procureur-Syndic. Ils ſeront nommés au ſcrutin individuel, & à la pluralité abſolue des ſuffrages, en même temps que les Membres de chaque Adminiſtration & par les mêmes Electeurs.

XV.

Le Procureur-Général-Syndic de Département & les Procureurs-Syndics des Diſtricts ſeront quatre ans en place, & pourront être continués par une nouvelle élection pour quatre autres années; mais enſuite ils ne pourront être réélus qu'après une intervalle de quatre années.

XVI.

Les Membres des Adminiſtrations de Département & de Diſtrict, en nommant ceux des directoires, comme il ſera dit ci-après, choiſiront & déſigneront celui des Membres des directoires, qui devra remplacer momentanément le Procureur-Général-Syndic, ou le Procureur-Syndic, en cas d'abſence, de maladie ou autre empêchement.

XVII.

Les Procureurs-Généraux-Syndics & les Procureurs-Syndics auront féance aux Affemblées générales des Adminiftrations, fans voix délibérative; mais il ne pourra y être fait aucuns rapports, fans qu'ils en aient eu communication, ni être pris aucune délibération fur ces rapports, fans qu'ils aient été entendus.

XVIII.

Ils auront de même féance aux directoires, avec voix confultative, & feront au furplus chargés de la fuite de toutes les affaires.

XIX.

Les Adminiftrations, foit de Département, foit de Diftrict, nommeront leur Préfident & leur Secrétaire au fcrutin individuel & à la pluralité abfolue des fuffrages. Le Secrétaire pourra être changé, lorfque l'Adminiftration le jugera convenable.

XX.

Chaque Adminiftration de Département fera divifée en deux fections; l'une fous le titre de *Confeil de Département*; l'autre fous celui de *Directoire de Département.*

XXI.

Le Confeil de Département tiendra annuellement une feffion, pour fixer les règles de chaque partie de l'Adminiftration, ordonner les travaux & les dépenfes générales du Département, & recevoir compte de la geftion

geftion du directoire. La première feffion pourra être de fix femaines, & celle des années fuivantes, d'un mois au plus.

XXII.

Le directoire de Département fera toujours en activité pour l'expédition des affaires, & rendra tous les ans au Confeil du Département le compte de fa geftion, qui fera publié par la voie de l'impreffion.

XXIII.

Les Membres de chaque Adminiftration de Département éliront, à la fin de leur première feffion, huit d'entr'eux pour compofer le Directoire; ils les renouvelleront tous les deux ans par moitié. Le Préfident de l'Adminiftration de Département pourra affifter, & aura droit de préfider à toutes les Séances du Directoire, qui pourra néanmoins fe choifir un Vice-Préfident.

XXIV.

A l'ouverture de chaque feffion annuelle le Confeil de Département commencera par entendre, recevoir & arrêter le compte de la geftion du Directoire; enfuite les Membres du Directoire prendront féance & auront voix délibérative avec ceux du Confeil.

XXV,

Chaque Adminiftration de Diftrict fera divifée de même en deux fections; l'une fous le titre de *Confeil de Diftrict*, l'autre fous celui de *Directoire de*

District; & ce Directoire sera composé de quatre Membres.

XXVI.

Le Président de l'Administration de District pourra de même assister, & aura droit de présider au Directoire de District; ce directoire pourra également se choisir un Vice-Président.

XXVII.

Tout ce qui est prescrit par les articles XXII, XXIII & XXIV ci-dessus, pour les fonctions, la forme D'élection & de renouvellement, le droit de séance & de voix délibérative des Membres du Directoire de Département, aura lieu de même pour ceux des Directoires de District.

XXVIII.

Les Administrations & les Directoires de District seront entièrement subordonnés aux Administrations & Directoires de Département.

XXIX.

Les Conseils de District ne pourront tenir leur session annuelle, que pendant quinze jours au plus, & l'ouverture de cette session précédera d'un mois celle du Conseil de Département.

XXX.

Les Conseils de District ne pourront s'occuper que de préparer les demandes à faire & les matiètes à soumettre à l'Administration de Département, pour l'intérêt du Diſtrict, de diſpoſer les moyens d'exécution, & de recevoir les comptes de la geſtion de leur Directoire.

XXXI.

Les Directoires de Diſtrict feront chargés de l'exécution dans le reſſort de leur Diſtrict, ſous la direction & l'autorité de l'Adminiſtration de Département & de ſon Directoire, & ils ne pourront faire exécuter aucuns Arrêtés du Conſeil de Diſtrict, en matière d'Adminiſtration générale, s'ils n'ont été approuvés par l'Adminiſtration de Département.

SECTION III.

Des fonctions des Aſſemblées Adminiſtratives.

ARTICLE PREMIER.

Les Adminiſtrations de Département feront chargées, ſous l'inſpection du Corps légiſlatif, & en vertu de ſes Décrets.

1°. De répartir toutes les contributions directes impoſées à chaque Département. Cette répartition fera faite par les Adminiſtrations de Département entre les Diſtricts de leur reſſort, & par les Adminiſtrations de Diſtricts entre les Municipalités.

2°. d'ordonner & de faire faire ſuivant les formes qui feront établies, les rôles d'aſſiette & cotiſation entre les Contribuables de chaque Municipalité.

3°. De régler & de ſurveiller tout ce qui concerne, tant la perception & le verſement du produit de ces contributions, que le ſervice & les fonctions des Agens qui en feront chargés.

4°. D'ordonner & de faire exécuter le paiement des dépenſes qui feront aſſignées en chaque Département ſur le produit des mêmes contributions.

II.

Les Adminiſtrations de Département feront encore chargées, ſous l'autorité & l'inſpection du Roi, comme Chef ſuprême de la Nation & de l'Adminiſtration générale du Royaume, de toutes les parties de cette Adminiſtration, notamment de celles qui ſont relatives :

1°. Au ſoulagement des Pauvres & à la police des Mendians & Vagabonds.

2°. A l'inſpection & à l'amélioration du régime des Hôpitaux, Hôtels-Dieu, établiſſemens & ateliers de charité, Priſons, Maiſons d'arrêt & de correction.

3°. A la ſurveillance de l'éducation publique & de l'enſeignement politique & moral.

4°. A la manutention & à l'emploi des fonds deſtinés en chaque Département, à l'encouragement de l'agriculture, de l'induſtrie, & à toute eſpèce de bienfaiſance publique.

5°. A la conſervation des propriétés publiques.

6°. A celle des forêts, rivières, chemins & autres choſes communes.

7°. A la direction & confection des travaux pour la confection des routes, canaux & autres ouvrages publics autoriſés dans le Département.

8°. A l'entretien, réparation & reconſtruction des Egliſes, Presbytères & autres objets néceſſaires au ſervice du culte religieux.

9°.

9°. Au maintien de la ſalubrité, de la ſûteté & de la tranquilité publique.

10°. Enfin, au ſervice & à l'emploi des Milices ou Gardes-Nationales, ainſi qu'il ſera réglé par des Décrets particuliers par nous ſanctionnés ou acceptés.

III.

Les Adminiſtrations de Diſtrict ne participeront à toutes ces fonctions, dans le reſſort de chaque Diſtrict, que ſous l'autorité interpoſée des Adminiſtrations de Département.

IV.

Les Adminiſtrations de Département & de Diſtrict ſeront toujours tenues de ſe conformer dans l'exercice de toutes ces fonctions, aux règles établies par la Conſtitution, & aux Décrets des légiſlatures par nous ſanctionnés.

V.

Les délibérations des Aſſemblées Adminiſtratives de Département ſur tous les objets qui intéreſſeront le régime de l'adminiſtration générale du Royaume, ou ſur des entrepriſes nouvelles & des travaux extraordinaires, ne pourront être exécutées qu'après avoir reçu notre approbation. Quant à l'expédition des affaires particulières, & de tout ce qui s'exécute en vertu de délibérations déjà approuvées, notre autoriſation ſpéciale ne ſera pas néceſſaire.

VI.

Les Adminiſtrations de Département & de Diſtrict

ne pourront établir aucun impôt, pour quelque cause & sous quelque dénomination que ce soit, en répartir au-delà des sommes & du temps fixés par le Corps Législatif, ni faire aucun emprunt sans y être autorisées par lui, sauf à pourvoir à l'établissement des moyens propres à leur procurer les fonds nécessaires au paiement des dettes & des dépenses locales, & aux besoins imprévus & urgens.

VII.

ELLES ne pourront être troublées dans l'exercice de leurs fonctions administratives, par aucun acte du pouvoir judiciaire.

VIII.

DU jour où les administrations de Département & de Districts seront formées, les Etats Provinciaux, les Assemblées Provinciales & les Assemblées inférieures qui existent actuellement, demeureront supprimés, & cesseront entièrement leurs fonctions.

IX.

IL n'y aura aucun intermédiaire entre les Administrations de Département & le pouvoir exécutif suprême. Les Commissaires départis, Intendans & leurs Subdélégués cesseront toutes fonctions, aussi-tôt que les administrations de Département seront entrées en activité.

X.

DANS les Provinces qui ont eu jusqu'à présent une administration commune, & qui sont divisées en pluſieurs Départemens, chaque adminiſtration de Département nommera deux Commiſſaires, qui ſe réuniront pour faire enſemble la liquidation des dettes contractées ſous le régime précédent, pour établir la répartition de ces dettes entre les différentes parties de la Province, & pour mettre à fin les anciennes affaires. Le compte en ſera rendu à une Aſſemblée formée de quatre autres Commiſſaires nommés par chaque adminiſtration de Département.

DÉCRET du 2 Février 1790,

Concernant diverſes Diſpoſitions relatives aux Aſſemblées de Communautés & aux Aſſemblées Primaires,

Sanctionné par le Roi.

ARTICLE PREMIER.

DANS les Aſſemblées de Communautés & dans les Aſſemblées Primaires, les trois plus anciens d'entre ceux qui ſavent écrire pourront ſeuls écrire, au premier ſcrutin, en préſence les uns des autres, le bulletin de tout Citoyen actif qui ne pourroit l'écrire lui-même; & lorſqu'on aura nommé des Scrutateurs, ces Scrutateurs pourront ſeuls, après avoir prêté le ſerment de bien remplir leurs fonctions & de garder le ſecret, écrire, pour le ſcrutin poſtérieur, les bulletins de ceux qui ne ſauront pas écrire.

Il ne pourra être reçu aucun autre bulletin que ceux qui auront été écrits, ou par les Citoyens actifs, ou par les trois plus anciens d'âge, ou par les trois Scrutateurs, dans l'Aſſemblée même, ſur le bureau.

I I.

POUR être Citoyen actif ou éligible, il n'eſt pas beſoin de payer, dans le lieu même, la quotité de contribution directe exigée par les Décrets antérieurs par nous ſanctionnés ou acceptés; il ſuffit de la payer dans quelque partie du Royaume que ce ſoit.

I I I.

LES Membres des Aſſemblées de Communautés & des Aſſemblées Primaires prêteront individuellement le ſerment patriotique; le Préſident prononcera la formule, & les Citoyens actifs appelés l'un après l'autre, répondront en levant la main : *Je le jure.*

I V.

DANS tous les lieux où des Comités élus librement par la Commune rempliſſent les fonctions municipales, conjointement avec les anciennes Municipalités, les opérations relatives à l'exécution du Décret de l'Aſſemblée ſur la formation des Municipalités nouvelles, par Nous accepté, ſeront faites par les Officiers Municipaux & les Comités conjointement. Dans les lieux où d'anciennes Municipalités électives ou non électives ſont reſtées en poſſeſſion des fonctions municipales, quoique des Comités élus librement s'y ſoient établis, elles procéderont auſſi à l'exécution de nos Lettres-Patentes concernant les nouvelles Municipalités, conjointement

jointement avec les Comités librement élus. Dans tout autre cas, les Comités librement élus feront chargés feuls de l'exécution de nos Lettres-Patentes relatives aux Municipalités.

V.

LORSQUE les nouvelles Municipalités feront formées, les Comités permanens, électoraux & autres, fous quelque dénomination que ce foit, ne pourront plus continuer aucune fonction municipale; les Compagnies armées, fous le titre de *Milice Bourgeoife*, *Garde Nationale*, *Volontaires*, ou fous toute autre dénomination, ne fe mêleront ni directement ni indirectement de l'Adminiftration municipale, mais obéiront aux réquifitions des Officiers Municipaux, en conformité des Décrets de l'Affemblée Nationale, par nous fanctionnés ou acceptés.

VI.

DANS les lieux où il n'y a que des contributions territoriales, dans ceux où l'on ne perçoit aucune contribution directe, foit parce qu'elle a été convertie en impofitions indirectes, foit pour toute autre caufe, il eft décrété & par Nous ordonné jufqu'à la nouvelle organifation de l'impôt, que tous les Citoyens qui réuniront d'ailleurs les autres conditions prefcrites par les Décrets de l'Affemblée, dont Nous avons ordonné l'exécution, feront réputés Citoyens actifs & éligibles, excepté dans les villes, ceux qui n'ayant ni propriétés ni facultés connues, n'auront d'ailleurs ni profeffion ni métier ; & dans les campagnes, ceux qui n'ont aucune propriété foncière, ou qui ne tiendront pas une ferme ou métairie de trente livres de bail.

VII.

Il ne pourra, ſous prétexte de l'inobſervation des articles ci-deſſus, être procédé à de nouvelles élections dans les lieux où elles ſe trouveront faites.

DÉCRET du 11 Février 1790,

Concernant la détermination de la valeur locale de la journée de travail, d'après laquelle doit ſe former la liſte des Citoyens actifs.

Sanctionné par le Roi.

LA détermination de la valeur locale de la journée de travail, d'après laquelle doit ſe former la liſte des Citoyens actifs, a dû & doit être faite définitivement dans les lieux où les anciens Officiers Municipaux ſont reſtés en poſſeſſion des fonctions municipales, par ces Officiers, conjointement avec les Comités librement élus, ſans que qui que ce ſoit puiſſe élever aucune réclamation contre cette détermination, pourvu néanmoins qu'aux termes du Décret du 15 Janvier dernier, par Nous accepté, elle n'excède pas vingt ſols pour chaque journée de travail.

A l'égard des Communautés où il n'y a point d'Officiers Municipaux ni de Comités, l'évaluation de la journée de travail ſera faite par les Syndics, Collecteurs,

Confuls, Tréforiers, ou autres faifant les fonctions municipales, fous quelque dénomination que ce foit, fans qu'on puiffe induire des Préfentes qu'il y ait lieu de recommencer aucune des élections qui fe trouveront faites.

DÉCRET du 5 Novembre 1789.

Concernant la Nomination des Suppléans.

Sanctionné par le Roi.

IL n'y a plus en France aucune diftinction d'Ordres: en conféquence, lorfque, dans les Bailliages qui n'ont point nommé de Suppléans, il s'agira d'en élire, à caufe de la mort ou de la démiffion des Députés à l'Affemblée Nationale actuelle, tous les Citoyens qui, aux termes du Réglement du 24 Janvier & autres fubféquens, ont le droit de voter aux Affemblées élémentaires, feront raffemblés, de quelque état & condition qu'ils foient, pour faire enfemble la nomination médiate ou immédiate de leurs Repréfentans, foit en qualité de Députés, foit en qualité de Suppléans.

Les Electeurs auront la liberté d'élire leurs Préfidens & autres Officiers.

Le préfent Décret fera porté fur-le-champ par le Préfident à l'acceptation royale.

DÉCRET du 26 Octobre 1789,

Accepté par le Roi.

L'Assemblée Nationale a décrété qu'il sera sursis à toute convocation de Provinces & d'Etats, jusqu'à ce qu'elle ait déterminé, avec l'acceptation du Roi, le mode de ladite convocation, dont elle s'occupe présentement.

Décrète, en outre, que M. le Président se retirera pardevers le Roi, à l'effet de demander à Sa Majesté si c'est avec son consentement qu'aucune Commission intermédiaire a convoqué les Etats de sa Province; & dans le cas où ils auroient été convoqués sans la permission du Roi, que Sa Majesté sera suppliée de prendre les mesures les plus promptes pour en prévenir le rassemblement.

Décrète, en outre, que copie de la présente Délibération sera envoyée par le pouvoir exécutif, sur-le-champ, aux Commissions intermédiaires, ainsi qu'aux Bailliages, Sénéchaussées, Municipalités & autres Corps administratifs.

Arrête que le présent Décret, ainsi que celui concernant la Nomination des Suppléans, sera sur-le-champ présenté à l'acceptation du Roi.

DÉCRET

DÉCRET du 30 Novembre 1789,
Concernant les Corses fugitifs,
Sanctionné par le Roi.

L'ASSEMBLÉE NATIONALE a décrété ce qui suit :

Les Corses, qui après avoir combattu pour la défense de leur liberté, se sont expatriés par l'effet & les suites de la conquête de l'Isle de Corse, & qui cependant ne sont coupables d'aucuns délits déterminés par la Loi, ne pourront être troublés dans la faculté de rentrer dans leur pays, pour y exercer tous leurs droits de Citoyens François.

DÉCRETS des 9, 7 & 14 Novembre 1789,
Sanctionnés par le Roi.

Du 9 Novembre 1789,
Qui prohibe la disposition de tous ***Bénéfices***, *à l'exception des Cures.*

L'ASSEMBLÉE NATIONALE, après avoir arrêté de Nous supplier de surseoir à la nomination de Bénéfices, excepté toutefois les Cures, a décrété le 9 de ce mois, & Nous voulons & ordonnons qu'il soit pareillement sursis à toute nomination & disposition, de quelque nature qu'elle puisse être, de tous titres à collation ou patronage ecclésiastique qui ne sont pas à charge d'ames.

Des 7 & 14 Novembre,

Relatifs à la conservation des Biens Ecclésiastiques, & celle des Archives & Bibliothèques des Monastères & Chapitres.

Les Biens ecclésiastiques, les produits, récoltes, & notamment les bois, sont placés sous la sauvegarde du Roi, des Tribunaux, Assemblées Administratives, Municipalités, Communes & Gardes Nationales, que l'Assemblée déclare Conservateurs de ces objets, sans préjudicier aux jouissances des Titulaires; & tous pillages, dégâts & vols, & particulièrement dans les bois, seront poursuivis contre les prévenus, & punis sur les coupables, des peines portées par l'Ordonnance des Eaux & Forêts, & autres Loix du Royaume.

Les personnes de toute qualité, coupables de divertissement, soit d'effets, soit de titres attachés aux établissemens Ecclésiastiques, seront punis des peines établies par les Ordonnances contre le vol, suivant la nature des circonstances & l'exigence des cas.

Sans préjudice des poursuites qui seront faites par les Officiers des Maîtrises dans les matières de leur compétence, les Juges ordinaires seront tenus de poursuivre, par prévention avec les Maîtrises, les personnes prévenues de ces délits, & donneront, ainsi que les Procureurs du Roi des Maîtrises, connoissance à l'Assemblée Nationale des dénonciations qui leur seront apportées, des poursuites qu'ils feront à cet égard.

Il sera pareillement veillé par les Officiers des Maîtrises, à ce qu'il ne soit fait aucune coupe de bois contraire aux réglemens, à peine d'être responsables à la Nation de leur négligence.

Dans tous les Monastères & Chapitres où il existe des Bibliothèques & Archives, lesdits Monastères & Chapitres seront tenus de déposer aux greffes des Juges Royaux ou des Municipalités les plus voisines, des états & catalogues des livres qui se trouveront dans lesdites Bibliothèques & Archives, d'y désigner particulièrement les Manuscrits, d'affirmer lesdits états véritables, de se constituer Gardiens des Livres & Manuscrits compris auxdits états; enfin, d'affirmer qu'ils n'ont point soustrait & n'ont point connoissance qu'il ait été soustrait aucuns des Livres & Manuscrits qui étoient dans lesdites Bibliothèques & Archives.

DÉCRET du 16 Novembre 1789.

Portant qu'il ne sera plus expédié d'Offices de Judicature, sauf à être provisoirement expédié des Commissions, dans les cas de nécessité.

Sanctionné par le Roi.

L'ASSEMBLÉE NATIONALE considérant que, d'après la suppression de la vénalité des Offices de Judicature, qu'elle a prononcée par son Décret du 4 Août, toutes résignations ou traités des Offices de Judicature ne doivent être regardés que comme un ſimple tranſport ou ſeſſion de la finance, ſur lequel il ne peut être accordé aucune proviſion.

Conſidérant, en outre, qu'il ſeroit contraire aux règles de la Juſtice, de laiſſer les Titulaires ou Propriétaires deſdits Offices de Judicature, aſſujettis plus long-temps au droit de Mutation ou de Centième denier, puiſque ces droits n'ont été introduits qu'en conſidération de la tranſmiſſibilité, laquelle n'exiſte plus, a décrété le 16 de ce mois ce qui ſuit :

ARTICLE PREMIER.

A compter du jour de la promulgation du préſent Décret, il ne ſera plus expédié ni ſcellé aucune Proviſion, ou autre genre de vacance des Offices de Judicature, compris au Décret du 4 Août, ſauf à être proviſoirement expédié des Commiſſions pour l'exercice des fonctions de Magiſtrature, & ce dans le cas de néceſſité ſeulement.

II.

Il ne ſera plus payé aucun droit de Mutation, d'Annuel, de Centième denier, pour raiſon deſdits Offices de Judicature.

III.

Les Offices dépendans des apanages des Princes, ſont compris dans le préſent Décret, ainſi que les Offices des Engagiſtes & des Echangiſtes, qui perçoivent un Centième denier.

DÉCRET

DÉCRET du 27 Novembre 1789.

Portant qu'il ne sera plus permis à aucun Agent de l'Administration, ni à ceux qui exercent quelques fonctions publiques, de rien recevoir à titre d'Étrennes, Gratifications, Vin-de-Ville, ou sous quelque dénomination que ce soit,

Sanctionné par le Roi.

L'ASSEMBLÉE NATIONALE, considérant que toute fonction publique est un devoir ; que tous les Agens de l'Administration, salariés par la Nation, doivent à la chose publique leurs travaux & leurs soins ; que, Ministres nécessaires, ils n'ont ni faveur ni préférence à accorder, par conséquent aucun droit à une reconnoissance particulière ; considérant encore qu'il importe à la régénération des mœurs, autant qu'à l'économie des finances & des revenus particuliers des Provinces, Villes, Communautés & Corporations, d'anéantir le trafic de corruption & de vénalité qui se faisoit autrefois sous le nom d'Étrennes, Vin-de-Ville, Gratifications, &c. a décrété ce qui suit :

A compter du premier Décembre prochain, il ne sera permis à aucun Agent de l'Administration, ni à aucun de ceux qui, en chef ou en sous-ordre, exercent quelque fonction publique, de rien recevoir à titre d'Étrennes, Gratifications, Vin-de-Ville, ou sous quelque autre dénomination que ce soit, des Compagnies, Administrations des Provinces; Villes, Communautés, Corporations ou Particulier, sous peine de concussion; aucune dépense de cette nature ne pourra être allouée dans le compte desdites Compagnies, Administrations, Villes, Communautés, Corporations.

DÉCRET du 11 Décembre 1789,

Concernant les délits qui se commettent dans les Forêts & Bois.

Sanctionné par le Roi.

L'Assemblée Nationale, considérant qu'il importe non-seulement à l'Etat, mais à tous les Habitans du Royaume, de veiller à la conservation & de maintenir le respect dû à toutes les propriétés, & notamment à celle des bois, objet de premier besoin : avertie par l'Administration des Eaux & Forêts, des délits multipliés qui se commettent jour & nuit par des Particuliers, & même avec armes & par attroupemens, soit dans les Forêts royales, soit dans les bois des Ecclésiastiques, des Communautés d'Habitans, & de tous les Particuliers du Royaume, ainsi que sur les arbres plantés sur les bords des chemins, justement effrayée des suites funestes que de tels délits doivent nécessairement entraîner pour la régénération actuelle & pour celles à venir, par la disette des bois, que des siècles peuvent à peine régénérer, a décrété ce qui suit :

1°. Les Forets, Bois & Arbres sont mis sous la sauve-garde de la Nation & de la Loi, comme sous la nôtre, & sous celle des Tribunaux, des Assemblées Admistratives, Municipalités, Communes & Gardes Nationales, qui sont expressément déclarés conservateurs desdits objets, sans préjudice des titres, droits & usages des Communautés & des Particuliers, ainsi que des dispositions des Ordonnances sur le fait des Eaux & Forêts.

2°. Défenses sont faites à toutes Communautés d'Habitans, sous prétexte de droit de propriété, d'usurpation & sous tout autre quelconque, de se mettre en possession, par voie de fait, d'aucuns des bois, pâturages, terres vagues & vaines, dont elles n'auroient pas eu la possession réelle au 4 Août dernier, sauf auxdites Communautés à se pourvoir par les voies de droit contre les usurpations dont elles croiroient avoir droit de se plaindre.

3°. Toutes coupes, dégats, vols & délits commis dans lesdits bois, forêts, sur les arbres des chemins & lieux publics, dans les plantations & pépinières, seront poursuivis contre les prévenus, & punis sur les coupables des peines portées par l'Ordonnance des Eaux & Forêts, & autres Loix du Royaume.

4°. Défenses sont faites à toutes personnes de débiter, vendre ou acheter en fraude des bois, coupés en délit, sous peine, contre les Vendeurs & Acheteurs frauduleux, d'être poursuivis suivant la rigueur des Ordonnances; voulons que par les Gardes des bois, Maréchaussées & Huissiers sur ce requis, la faisie desdits bois coupés en délits soit faite ; mais la perquisition desdits bois ne pourra l'être qu'en présence d'un Officier Municipal, qui ne pourra s'y refuser.

5°. Enjoignons au Ministère Public de poursuivre les délits ; autorisons en conséquence les Maîtrises des Eaux & Forêts & tous autres Juges, à se faire prêter main-forte, pour l'exécution de leurs Ordonnances, Jugemens & Saisies, par les Municipalités, Gardes Nationales & autres Troupes, pour arrêter, désarmer & repousser les délinquans dans lesdits forets & bois, à peine, en cas de refus desdites Municipalités requises, d'en répondre en leur propre & privé nom.

6°. Autorisons tous lesdits Juges & Municipalités, à faire constituer prisonniers tous ceux qui seront trouvés en flagrant-délit, tant de jour que de nuit.

DÉCRET du 14 Décembre 1790,

Concernant l'Admission des Non-Catholiques dans l'Administration & dans tous les Emplois civils & militaires.

Sanctionné par le Roi.

L'Assemblée Nationale, sans entendre rien préjuger relativement aux Juifs, sur l'état desquels elle se réserve de prononcer, & sans qu'il puisse être opposé à l'éligibilité d'aucun Citoyen d'autres motifs d'exclusion que ceux qui résultent des Décrets constitutionnels, a décrété ce qui suit : 1°.

1°. Les Non-Catholiques, qui auront d'ailleurs rempli toutes les conditions prefcrites dans les précédens décrets de L'Affemblée Nationale, que nous avons acceptés, pour être Electeurs & Eligibles, pourront être élus dans tous les degrés d'Adminiftration, fans exception.

2°. Les non-Catholiques font capables de tous les Emplois civils & militaires, comme les autres Citoyens.

DÉCRET du 12 Janvier 1790.

Concernant les Prifonniers détenus en vertu d'ordres particuliers.

Sanctionné par le Roi.

L'ASSEMBLÉE NATIONALE, confidérant qu'il eft de fon devoir de prendre les informations les plus exactes pour connoître la totalité des Prifonniers qui font illégalement détenus;

Que malgré les états qui ont été remis à fes Commiffaires pat les Miniftres du Roi, plufieurs détentions anciennes peuvent être ignorées des Miniftres mêmes, fur-tout fi elles ont eu lieu en vertu d'ordres des Commandans, Intendans ou autres Agens du pouvoir exécutif, décrète :

Que huit jours après la réception du préfent Décrêt, tous Gouverneurs. Lieutenans de Roi, Commandans de prifons d'Etat, Supérieurs de maifons de forces, Supérieurs de maifons religieufes, & toutes autres perfonnes chargées de la garde des Prifonniers détenus par lettres-de-cachet, ou par ordre quelconque des Agens du pouvoir exécutif, feront tenus, à peine d'en demeurer refponfables, d'envoyer à l'Affemblée Nationale un état certifié véritable, contenant les âge, noms & furnoms des différens Prifonniers, avec les caufes & la date de leur détention, & l'extrait des ordres en vertu defquels ils ont été emprifonnés.

DÉCRET du 12 Janvier 1790,

Portant que, nonobftant toute attribution, tous Juges ordinaires peuvent & doivent informer de tous crimes.

Sanctionné par le Roi.

L'ASSEMBLÉE NATIONALE a décrété ce qui fuit :

Nonobftant toute attribution, tous Juges ordinaires peuvent & doivent informer de tous crimes, de quelque nature qu'ils foient, & quelle que foit la qualité des accufés ou prévenus, même décréter fur l'information, & interroger les accufés, fauf enfuite le renvoi au Châtelet, de ceux dont la connoiffance lui eft particulièrement & provifoirement attribuée.

DÉCRET du 21 Janvier 1790,

Concernant les Condamnations prononcées pour raison des délits & des crimes,

Sanctionné par le Roi.

L'ASSEMBLÉE NATIONALE a décrété ce qui suit :

ARTICLE PREMIER.

LES délits du même genre seront punis par le même genre de peine, quels que soient le rang & l'état des coupables.

II.

LES délits & les crimes étant personnels, le supplice d'un coupable, & les condamnations infamantes quelconques, n'impriment aucune flétrissure à sa famille; l'honneur de ceux qui lui appartiennent n'est nullement entaché, & tous continueront d'être admissibles à toutes sortes de professions, d'emplois & de dignités.

III.

LA confiscation des biens des condamnés ne pourra jamais être prononcée en aucun cas.

IV.

LE corps du supplicié sera délivré à sa famille, si elle le demande. Dans tous les cas, il sera admis à la sépulture ordinaire, & il ne sera fait sur le registre aucune mention du genre de mort.

DÉCRET du 30 Novembre 1789,

Portant que l'Isle de Corse fait partie de l'Empire François.

L'Assemblée Nationale a décrété ce qui suit:

L'Isle de Corse fait partie de l'Empire François, ses Habitans seront régis par la même Constitution que les autres François.

DÉCRET du 28 Janvier 1790,

Portant que les Juifs connus en France sous le nom de Juifs Portugais, Espagnols & Avignonois *y jouiront des droits de Citoyens actifs.*

Sanctionné par le Roi.

L'Assemblée Nationale a décrété ce qui suit :

Tous les Juifs, connus en France, sous le nom de *Juifs Portugais*, *Espagnols & Avignonois*, continueront de jouir des droits dont ils ont joui jusqu'à présent, & qui leur avoient été accordés par des Lettres-Patentes. En conséquence, ils jouiront des droits de Citoyens actifs, lorsqu'ils réuniront d'ailleurs les conditions requises par les Décrets de l'Assemblée Nationale, dont nous avons ordonné l'exécution.

DECRET

DÉCRET du 28 Janvier 1790.

Concernanant le paiement des Octrois, Droits d'Aides de toute nature, & autres Droits y réunis, sans aucun privilége, exemption ni distinction personnelles quelconques.

Sanctionné par le Roi.

L'ASSEMBLÉE NATIONALE a décrété ce qui suit.

Tous les Octrois, Droits d'Aides de toute nature, & autres droits y réunis, sous quelque dénomination qu'ils soient connus dans les Villes & autres lieux du Royaume où ils sont établis, continueront d'être perçus dans la même forme & sous le même régime précédemment établi, jusqu'à ce qu'il ait été autrement statué, néanmoins sans aucun privilége, exemption ni distinction personnelles quelconques, n'entendant rien innover, quant à présent, aux usages concernant les consommations de nos troupes, tant Françoises qu'Etrangères, ainsi que des Hôpitaux.

Les Fermiers ou Régisseurs des Droits appartenans aux Villes, seront tenus d'exhiber les registres de leur perception aux Officiers Municipaux, sur leur simple réquisition, & les sommes provenant de l'augmentation résultante de la suppression des exemptions & privilèges, seront versées dans les caisses du Receveur des Municipalités, sans préjudice de la partie de ces droits qui peut appartenir au Trésor public.

DÉCRET du 13 Février 1790,

Qui prohibe en France les Vœux Monastiques de l'un & de l'autre sexe,

Sanctionné par le Roi.

L'ASSEMBLÉE NATIONALE a décrété ce qui suit :

ARTICLE PREMIER.

La Loi constitutionnelle du Royaume ne reconnoîtra plus de vœux monastiques solemnels de personnes de l'un & de l'autre sexe : Déclarons en conséquence, que les Ordres ni Congrégations réguliers dans lesquels on fait de pareils vœux, sont & demeureront supprimés en France, sans qu'il puisse en être établi de semblables à l'avenir.

II. Tous les Individus de l'un & de l'autre sexe, existans dans les Monastères & Maisons religieuses, pourront en sortir, en faisant leur déclaration devant la Municipalité du lieu, & il sera pourvu incessamment à leur sort par une pension convenable. Il sera indiqué des Maisons où seront tenus de se retirer les Religieux qui ne voudront pas profiter de la disposition des Présentes.

Déclarons, au surplus, qu'il ne sera rien changé, quant à présent, à l'égard des Maisons chargées de l'éducation publique & des Etablissemens de charité, & ce jusqu'à ce qu'il ait été pris un parti sur ces objets.

III. Les Religieuses pourront rester dans les Maisons où elles sont aujourd'hui, les exceptant expressément de l'article qui oblige les Religieux de réunir plusieurs Maisons en une seule.

DÉCRET du 11 Février 1790,

Relatif aux délibérations des Assemblées Représentatives, Municipales & Administratives.

Sanctionné par le Roi.

L'Assemblée Nationale a décrété ce qui suit :

Toutes les délibérations des Assemblées Représentatives, Municipales & Administratives, seront rédigées & signées, Assemblées ou Conseil tenant, & contiendront les noms de tous les délibérans.

DÉCRETS des 19 & 20 Février 1790.

Qui fixent le traitement des Religieux qui sortiront de leurs maisons.

Sanctionné par le Roi.

L'Assemblée Nationale a décrété ce qui suit :

ARTICLE PREMIER.

Il ne sera point fait de distinction, quant au traitement des Religieux qui sortiront du cloître, entre les Religieux pourvus de bénéfices, & ceux qui n'en sont point pourvus; mais le sort de tous sera le même, si ce n'est à l'égard des Religieux-Curés, qui seront traités comme les Curés séculiers. Il pourra cependant être accordé aux Généraux d'Odre & aux Abbés Réguliers, ayant jurisdiction, une somme plus forte qu'aux simples Religieux.

II. Il sera payé à chaque Religieux qui aura fait sa déclaration de vouloir sortir de sa maison, par quartier, & d'avance, à compter du jour qui sera incessamment réglé; savoir, aux Mendians sept cents livres jusqu'à cinquante ans, huit cents livres jusqu'à soixante-dix ans, & mille livres après soixante-dix ans. Et à l'égard des Religieux non Mendians, neuf cents livres jusqu'à cinquante ans, mille livres jusqu'à soixante-dix ans, & douze cents livres après soixante-dix ans. Les ci-devant Jésuites résidant en France, & qui ne possèdent pas en bénéfice ou pension sur l'Etat un revenu égal à celui qui est accordé aux autres Religieux de la même classe, recevront le complément de ladite somme.

III. Les Frères lais ou convers qui auront fait des vœux solemnels, & les Frères donnés, qui rapporteront un engagement contracté en bonne forme entr'eux & leur Monastère, jouiront annuellement, quand ils sortiront de leurs maisons, à compter du jour qui sera incessamment réglé, de trois cents livres jusqu'à cinquante ans, quatre cents livres jusqu'à soixante-dix ans, & cinq cents livres après soixante-dix ans; lesquelles sommes leur seront payées par quartier & d'avance.

DÉCRET

DECRET du 23 Février 1790,

Concernant la sûreté des personnes, des propriétés, & la perception des impôts.

Sanctionné par le Roi.

L'ASSEMBLÉE NATIONALE a décrété ce qui suit :

ARTICLE PREMIER.

Nul ne pourra, sous peine d'être puni comme perturbateur du repos public, se prévaloir d'aucun acte prétendu émané du Roi ou de l'Assemblée Nationale, s'il n'est revêtu des formes prescrites par la Constitution, & s'il n'a été publié par les Officiers chargés de cette fonction.

II. Que le discours prononcé par le Roi dans l'Assemblée Nationale, le 4 de ce mois, & l'Adresse de l'Assemblée Nationale aux François, soient incessamment envoyés à toutes les Municipalités du Royaume, ainsi que tous les Décrets, à mesure qu'ils seront acceptés ou sanctionnés. Ordonnons aux Officiers Municipaux de faire publier & afficher les Décrets, sans frais; & aux Curés ou Vicaires desservans les Paroisses, d'en faire lecture au Prône.

III. Les Officiers Municipaux emploieront tous les moyens que la confiance publique met à leur disposition, pour la protection efficace des propriétés publiques & particulières & des personnes, & pour prévenir & dissiper tous les obstacles qui seroient apportés à la perception des impôts; & ſi la sûreté des perſonnes, des propriétés, & la perception des impôts étoient miſes en danger par des attroupemens séditieux, ils feront publier la Loi Martiale.

IV. Toutes les Municipalités ſe prêteront mutuellement main-forte, à leur réquiſition reſpective : quand elles s'y refuſeront, elles feront reſponſables des ſuites du refus.

V. Lorſqu'il aura été cauſé quelques dommages par un attroupement, la Commune en répondra, ſi elle a été requiſe, & ſi elle a pu l'empêcher, ſauf le recours contre les auteurs de l'attroupement, & la reſponſabilité ſera jugée par les Tribunaux des lieux, ſur la réquiſition du directoire de Diſtrict.

DÉCRETS des 15 Janvier, 16 & 26 Février 1790,

Qui ordonnent la diviſion de la France en quatre-vingt-trois Départemens,

Sanctionnés par le Roi.

L'ASSEMBLÉE NATIONALE, après avoir entendu les Députés de toutes les Provinces du Royaume, a décrété ce qui ſuit :

La France ſera diviſée en quatre-vingt-trois Départemens.

SAVOIR ;

Provence . . . . 3.
Dauphiné. . . . . 3.

Franche-Comté . . . . 3.
Alsace. . . . . 2.
Lorraine, Trois Evêchés en Barrois . . . . 4.
Champagne, Principauté de Sedan, Carignan & Mousson, Philippeville, Mariembourg, Givet & Charlemont . . . . 4.
Les deux Flandres, Hainault, Cambresis, Artois, Boulonnois, Calaisis, Ardrésis . . . . . 2.
Isle-de-France, Paris, Soissonnois, Beauvoisis, Amiénois, Vexin-François . . . . . . 6.
Normandie & Perche . . . . 5.
Bretagne, & partie des Marches communes. . . 5.
Haut & bas Maine, Anjou, Touraine & Saumurois. . . . . 4.
Poitou, & partie des Marches communes . . 3.
Orléanois, Blaisois & pays Chartrain . . . . 3.
Berry . . . . 2.
Nivernois . . . . 1.
Bourgogne, Auxerrois & Sénonois, Bresse, Bugey & Valromey, Dombes & pays de Gex. 4.
Lyonnois, Forez & Beaujolois . . . . 1.
Bourbonnois. . . . . 1.
Marche, Dorat, haut & bas Limousin . . . 3.
Angoumois . . . . 1.
Aunis & Saintonge . . . . 1.
Périgord . . . . 1.
Bordelois, Bazadois, Agénois, Condomois, Armagnac, Chalosse, pays de Marsan & Landes. . 4.
Quercy . . . . 1.
Rouergue. . . . . 1.

Basques & Béarn . . . . 1.
Bigorre & Quatre-Vallées . . . . 1.
Couserans & Foix. . . . . 1.
Roussillon . . . . 1.
Languedoc, Comminges, Nebouzan & Rivière-Verdun . . . . 7.
Velay, haute & basse Auvergne . . . . . . 3.
Corse . . . . 1.

TOTAL de Départemens. . . 83.

TITRE PREMIER.

ARTICLES GÉNÉRAUX.

ARTICLE PREMIER.

La liberté réservée aux Electeurs de plusieurs Départemens ou Districts, par différens Décrets de l'Assemblée Nationale, pour le choix des Chefs-lieux & l'emplacement de divers établissemens, est celle d'en délibérer & de proposer à l'Assemblée Nationale, ou aux Législatures qui suivront, ce qui paroîtra le plus conforme à l'intérêt général des Administrés & des Juridiciables.

II. Dans toutes les démarcations fixées entre les Départemens & les Districts, il est entendu que les Villes emportent le territoire soumis à l'administration directe de leurs Municipalités, & que les Communautés

munautés de campagne comprennent de même tout le territoire, tous les hameaux, toutes les maisons isolées, dont les habitans sont cotisés sur les rôles d'imposition du Chef-lieu.

III. Lorsqu'une rivière est indiquée comme limite entre deux Départemens ou deux Districts, il est entendu que les deux Départemens ou les deux Districts ne sont bornés que par le milieu du lit de la rivière, & que les deux Directoires doivent concourir à l'administration de la rivière.

IV. La division du Royaume en Départemens & en Districts, n'est décrétée, quant à présent, que pour l'exercice du pouvoir administratif; & les anciennes divisions relatives à la perception des impôts & au pouvoir judiciaire, subsisteront jusqu'à ce qu'il en ait été autrement ordonné. Les dispositions relatives aux Villes qui ont été désignées comme pouvant être Siéges des Tribunaux, sont subordonnés à ce qui sera décrété pour l'ordre judiciaire.

TITRE SECOND.

DIVISION DU ROYAUME.

DÉPARTEMENS.

Département de l'Ain.

L'Assemblée de ce Département se tiendra dans la Ville de Bourg.

Il eſt diviſé en neuf Diſtricts, dont les Chefs-lieux ſont :

Bourg.	Belley.
Trévoux.	Saint-Rambert.
Mont-Luel.	Nantua.
Pont-de-Vaux.	Gex.
Châtillon.	

Les Tribunaux qui pourront être créés dans les Diſtricts de Saint-Rambert & de Châtillon, ſeront placés dans les Villes d'Amberieux & de Pont-de-Veſle.

Bey ou Saint-Trivier ſeront admis à partager les établiſſemens de leurs Diſtricts.

Département de l'Aiſne.

La première Aſſemblée des Electeurs de ce Département ſe tiendra à Chauny, & ils propoſeront l'une des deux Villes de Laon ou Soiſſons, pour être Chef-lieu de Département.

Ce Département eſt diviſé en ſix Diſtricts, dont les Chefs-lieux ſont :

Soiſſons.	Château-Thierry.
Laon.	Guiſe, *proviſoirement.*
Saint-Quentin.	Chauny, *proviſoirement.*

Les Electeurs du Diſtrict de Guiſe délibéreront, lors de leur première Aſſemblée dans cette Ville, ſur la fixation du Chef-lieu, & ſur la réunion ou le partage entre Guiſe & Vervins, des établiſſemens réſultans de la Conſtitution.

Les Electeurs du Diſtrict de Chauny propoſeront la

fixation des différens établissemens, en les partageant entre Chauny, Coucy & la Fère.

Département de l'Allier.

L'Assemblée de ce Département se tiendra en la Ville de Moulins.

Il est divisé en sept Districts, dont les Chefs-lieux sont :

Moulins.	Montmarault.
Le Donjon.	Montluçon.
Cusset.	Cerily.
Gannat.	

L'Assemblée du Département proposera, si elle juge à propos, à la première Législature, la réduction à six Districts.

Département des hautes Alpes.

La première Assemblée des Electeurs de ce Département se tiendra à Chorges.

Ils y délibéreront sur le choix des Villes dans lesquelles l'Assemblée du Département doit alterner, sur l'ordre de cet alternat, & sur la fixation du Directoire, qui ne doit point alterner.

Ce Département est divisé en quatre Districts, dont les Chefs-lieux sont :

Gap.	Briançon.
Embrun.	Serres.

Département des basses Alpes.

L'Assemblée de ce Département se tiendra provisoirement à Digne.

Il eſt diviſé en cinq Diſtricts, dont les Chefs-lieux ſont :

Digne. Caſtellane.
Forcalquier. Barcelonnette.
Siſteron.

La Ville de Manoche pourra concourir avec Forcalquier pour les autres établiſſemens qui ſeront fixés dans ce Diſtrict.

Département de l'Ardèche.

La première Aſſemblée de ce Département ſe tiendra à Privas & pourra alterner dans les Villes d'Annonay, Tournon, Aubenas, Privas & le Bourg. Ce Département eſt diviſé proviſoirement en ſept Diſtricts, dont les Chefs-lieux ſont :

Privas. Vernoux.
Annonay. Villeneuve-de-Berge.
Tournon. L'Argentière.
Aubenas.

Les ſéances des Aſſemblées des Diſtricts de Tournon, Vernoux, Privas, Aubenas & l'Argentière, alterneront à Saint-Peray, de Saignes, la Voûte, Montpezat, Joyeuſe.

Les Electeurs du Département délibéreront ſur la diviſion des établiſſemens de ces Diſtricts entre les Villes ci-deſſus énoncées.

L'Aſſemblée autoriſe l'exécution proviſoire de la convention des Députés de la Province, depoſée au Comité de Conſtitution.

Département

Département des Ardennes.

La première Assemblée des Electeurs de ce Département se tiendra à Mézière ; ils y délibéreront sur la fixation du Chef-lieu de ce Département.

Il est divisé en six Districts, dont les Chefs-lieux sont :

Charleville.	Rocroy.
Sédan.	Vouziers.
Rhétel.	Grandpré.

La fixation des Assemblées de Districts à Charleville & à Grandpré est provisoire. Les Electeurs proposeront le partage des établissemens avec Mézières & Buzancy.

Département de l'Arriège.

La première Assemblée de ce Département se tiendra à Foix, & pourra alterner entre les Villes de Foix, Saint-Girons & Pamiers.

Ce Département est divisé en trois Districts, dont les Chefs-lieux sont :

Tarascon.	Mirepoix.
Saint-Girons.	

Les Tribunaux qui pourront être créés, seront placés à Foix, Saint-Liziers & Pamiers.

Département de l'Aube.

L'Assemblée de ce Département se tiendra dans la Ville de Troyes.

Il est divisé en six Districts, dont les Chefs-lieux sont :

Troyes.	Bar-sur-Aube.
Nogent-sur-Seine.	Bar-sur-Seine.
Arsis-sur-Aube.	Evry.

Les Electeurs du Département délibéreront si la Ville de Merry doit partager avec celle d'Arcis-sur-Aube, les établissemens de ce District.

Département de l'Aude.

L'Assemblée de ce Département se tiendra provisoirement à Carcassonne, & les Electeurs délibéreront si elle doit alterner, & entre quelles Villes cet alternat aura lieu.

Ce Département est divisé en six Districts, dont les Chefs lieux sont :

Carcassonne.	Limoux.
Castelnaudary.	Narbonne.
La Grasse.	Quillan.

Département de l'Aveiron.

L'Assemblée de ce Département se tiendra provisoirement à Rhodez, & les Electeurs délibéreront sur sa fixation.

Ce Département est divisé en neuf Districts, dont les Chefs-lieux sont :

Rodez.	Milhau.
Ville Franche.	Saint-Affrique.
Aubin.	Saint-Geniez.
Murres-de-Barrès.	Sauveterre.
Séverac-le-Château.	

Espalion aura le Tribunal, s'il en est établi dans le District de Saint-Geniez.

Département des Bouches du Rhône.

L'Assemblée de ce Département se tiendra dans la Ville d'Aix.

Il sera divisé en six Districts, dont les Chefs-lieux sont :

Aix.	Tarascon.
Arles.	Apt.
Marseille.	Salon.

L'Assemblée & le Directoire de Tarascon alterneront entre cette Ville & Saint-Remy.

Les Electeurs du Département délibéreront s'il y a lieu de faire alterner entre Pertuis & Apt l'Assemblée de District provisoirement indiquée à Apt.

L'Assemblée & le Directoire de Salon alterneront entre Martigues & Salon.

En tous les cas, la première Assemblée sera à Tarascon, Apt & Salon.

Département de Calvados.

L'Assemblée de ce Département se tiendra dans la Ville de Caen.

Il est divisé en six Districts, dont les Chefs-lieux sont :

Caen.	Lisieux.
Bayeux.	Pont-l'Evêque.
Falaise.	Vire.

S'il y a un établissement de Justice dans le District de Lizieux, il sera placé à Orbec.

La Ville de Pont-l'Evêque réunira les établissemens de son District.

Si les principes qui seront décrétés sur l'ordre judiciaire, permettent d'établir plusieurs Tribunaux dans le même District, l'Assemblée Nationale déterminera s'il en doit être placé un dans la Ville de Honfleur.

Département du Cantal.

La première Assemblée de ce Département se tiendra à Saint-Flour, & ses séances alterneront successivement entre Aurillac & Saint-Flour.

Il est divisé en quatre Districts, dont les Chefs-lieux sont :

Saint-Flour.	Mauriac.
Aurillac.	Murat.

L'administration de ce Département pourra proposer à la prochaine Législature la suppression du District de Murat, dont le territoire, dans ce cas, se réuniroit à celui de Saint-Flour.

L'établissement d'un Tribunal supérieur, s'il y a lieu dans ce Département, sera fixé à Aurillac.

La Ville de Salers obtiendra le Siége de la Jurisdiction, s'il est créé dans le District de Mauriac.

Département de la Charente.

L'Assemblée de ce Département se tiendra à Angoulême. Il est divisé en six Districts, dont les Chefs-lieux sont :

Angoulême.	Ruffec.
La Rochefoucault.	Cognac.
Confolens.	Barbesieux.

Département de la Charente inférieure.

La première Assemblée de ce Département se tiendra à Saintes, & alternera ensuite dans les Villes de la Rochelle, Saint-Jean-d'Angely & Saintes, à moins que, dans le cours de la première session, l'Assemblée du Département ne propose une autre disposition définitive.

Dans

Dans le cas où l'alternat n'auroit plus lieu, la Ville de la Rochelle obtiendra ceux des établissemens publics qui seront le plus avantageux à son commerce, sauf à avoir égard aux conventions des députés du Département, relativement à l'emplacement des Tribunaux.

Ce Département est divisé en sept Districts, dont les Chefs-lieux sont :

Saintes.	Rochefort.
La Rochelle.	Marennes.
Saint-Jean-d'Angely.	Pons.

Les Electeurs du septième District assemblés à Montlieu, y délibéreront sur la fixation de son Chef-lieu.

L'Isle de Rhé est du district de la Rochelle.

L'Isle d'Aix est du District de Rochefort.

L'Isle d'Oleron est du District de Marennes.

Département du Cher.

L'Assemblée de ce Département se tiendra à Bourges.

Il est divisé en sept Districts, dont les Chefs-lieux sont :

Bourges.	Château-Meillant.
Vierzon.	Sancoin.
Sancerre.	Aubigny.
Saint-Amand.	

S'il est créé des Tribunaux dans les Districts de Château-Meillant, Sancoins & Aubigny, ils seront placés dans les Villes de Lignières, Dun-le-Roy & Henrichemond.

Département de la Corrèze.

L'Assemblée de ce Département se tiendra à Tulle. Il est divisé en quatre Districts, dont les Chefs-lieux sont :

Tulle. Uzerches.
Brive. Ussel.

Département de Corse.

L'Isle de Corse ne formera provisoirement qu'un seul Département. L'Assemblée des Electeurs se tiendra dans la Pieve-Dorezza. Ils y délibéreront s'il est avantageux à la Corse d'être partagée en deux Départemens; & dans le cas où ils croiroient que la Corse ne doit pas être divisée, ils indiqueront le lieu où l'Assemblée du Département doit se tenir.

Ce Département est divisé en neuf Districts, dont les Chefs-lieux sont :

Bastia. Cervionne.
Oletta. Ajaccio.
L'Isle-Rousse. Vico.
La Porta d'Ampugnani. Tallano.
Corté.

Département de la Côte d'Or.

L'Assemblée de ce Département se tiendra à Dijon. Il est divisé en sept Districts, dont les Chefs-lieux sont :

Dijon. Is-sur-Tille.
St.-Jean-de-Lône. Arnay-le-Duc.
Châtillon-sur-Seine. Beaume.
Sémur-en-Auxois.

Sauf à placer à Auxonne un Tribunal, s'il en est créé dans le District.

Département des Côtes du Nord.

L'Assemblee de ce Département se tiendra dans la Ville de Saint-Brieux.

Il est divisé en neuf Districts, dont les Chefs-lieux sont :

Saint-Brieux.	Loudeac.
Dinant.	Broon.
Lamballe.	Pontrieu.
Quingant.	Rosternen.
Lannion.	

Département de la Creuse.

L'Assemblée de ce Département se tiendra provisoirement dans la Ville de Guéret, sauf l'alternative en faveur d'Aubusson.

Cet alternat n'aura lieu que dans le cas où la Ville de Guéret auroit obtenu un Tribunal supérieur aux autres Tribunaux de Département.

Ce Département est divisé en sept Districts, dont les Chefs-lieux sont :

Guéret.	La Souterraine.
Aubusson.	Bourganeuf.
Fellètin.	Evaux.
Boussac.	

Les Electeurs du Département délibéreront s'il est plus convenable de placer le District désigné provisoirement pour Evaux, à Chambon, & partageront entre ces Villes les établiſſemens de juſtice & d'adminiſtra-tion.

Département de la Dordogne.

L'Aſſemblée de ce Département ſe tiendra à Périgueux, & pourra enſuite alterner à Sarlat & à Bergerac.

Il eſt diviſé en neuf Diſtricts, dont les Chefs-lieux ſont :

Périgueux. Montignac.
Sarlat. Riberac.
Bergerac. Belvez.
Nontron. Montpont.
Exideuil.

Montpazier obtiendra le Tribunal, s'il en eſt créé dans le Diſtrict de Belvez.

Les Electeurs délibéreront ſur la diviſion des établiſſemens d'adminiſtration & de juſtice entre les Villes de Montpont & Mucidan; chacune d'elles ne pourra obtenir que l'un des établiſſemens.

Département du Doubs.

L'Aſſemblée des Electeurs, celle du Département & ſon Directoire, ſe tiendront toujours dans la Ville de Beſançon.

Ce Département eſt diviſé en ſix Diſtricts, dont les Chefs-lieux ſont :

Beſançon. Pontarlier.
Quingey. Saint-Hippolyte.
Ornans. Baume.

Département de la Drome.

La première Aſſemblée des Electeurs de ce Département ſe tiendra à Chabeuil. Ils

Ils y délibéreront sur le choix des Villes dans lesquelles l'Assemblée de Département doit alterner, sur l'ordre de cet alternat, & sur la fixation du Directoire qui ne doit point alterner.

Ce Département est divisé en six Districts, dont les Chefs-lieux sont :

Romans.	Die.
Valence.	Montelimar.
Le Crest.	Le Buis.

La Principauté d'Orange forme provisoirement un District sous l'administration de ce Département : elle pourra opter son union à un autre Département.

Département de l'Eure.

L'Assemblée de ce Département se tiendra dans la Ville d'Evreux.

Il est divisé en six Districts, dont les Chefs-lieux sont :

Evreux.	Louviers.
Bernay.	Les Andelys.
Pont-Audemer.	Verneuil.

Les Electeurs du Département délibéreront s'il est nécessaire de faire un plus grand nombre de Districts.

La Ville de Gisors obtiendra l'établissement du Tribunal qui pourra être fixé dans le District des Andelys.

Département d'Eure & Loire.

L'Assemblée de ce Département se tiendra dans la Ville de Chartres.

Il eſt divifé en fix Diſtricts, dont les Chefs-lieux font :

Chartres.
Dreux.
Châteauneuf en Thimerais.
Nogent-le-Rotrou.
Châteaudun.
Janville.

Département du Finiſtère.

L'Aſſemblée de ce Département fe tiendra proviſoirement à Quimper, & l'Aſſemblée des Electeurs délibérera ſi cette diſpoſition doit demeurer définitive.

Ce Département eſt divifé en neuf Diſtrict, dont les Chefs-lieux font :

Breſt.
Landernau.
Leſneven.
Morlaix.
Cathaix.
Châteaulin.
Quimper.
Quimperlé.
Pont-Croix.

Département du Gard.

La première Aſſemblée de ce Département fe tiendra à Nîmes, & les Séances alterneront ſucceſſivement entre Alais, Uzès & Nîmes.

Ce Département eſt divifé en huit Diſtricts, dont les Chefs-lieux font :

Beaucaire
Uzès.
Nîmes.
Sommières.
Sainte-Hyppolite.
Alais.
Le Viguan.
Le Pont-Saint-Eſprit.

Les Aſſemblées des Diſtricts, fixées proviſoirement au Pont Saint-Eſprit, à Beaucaire & à Sainte-Hippolyte, alterneront ensuite entre ces Villes & celles de Bagnols, Villeneuve & Sauve.

Les Electeurs de ces deux premiers Districts délibéreront sur la fixation de leurs Assemblées, & la suppression de leur alternat.

L'importance de la Ville de Nîmes sera prise en considération, lors de l'établissement des Tribunaux.

Département de la Haute Garonne.

L'Assemblée de ce Département se tiendra à Toulouse.

Il est divisé en huit Districts, dont les Chefs-lieux sont :

Toulouse.	Muret.
Rieux.	Saint-Gaudens.
Ville-Franche-de-Lauragais.	Revel.
Castel-Sarasin.	Grenade.

La Ville de Beaumont-de-Lomagne aura le Tribunal, s'il en est établi dans le District de Grenade.

Département du Gers.

L'Assemblée de ce Département se tiendra à Auch.

Il est divisé en six Districts, dont les Chefs-lieux sont :

Auch.	Nogaro.
Lectour.	L'Isle-en-Jourdain.
Condom.	Mirande.

L'Assemblée de ce Département délibérera s'il convient d'établir en faveur de Vic-Fézensac un septième District.

Département de la Gironde.

L'Assemblée de ce Département se tiendra dans la Ville de Bordeaux; il sera divisé en sept Districts, dont les Chefs-lieux sont :

Bordeaux.	Cadillac.
Libourne.	Bourg ou Blaye.
La Réole.	Lesparre.

L'Assemblée de ce Département proposera de fixer quelques établissemens dans la Ville de Sainte-Foy & dans celle de Castelmoron-d'Albret. Les Electeurs du District dont le Chef-lieu est indiqué à Bourg, ou Blaye, s'assembleront à Bordeaux, & y délibéreront sur la fixation du Chef-lieu de ce District à Bourg ou Blaye, & sur le partage des autres établissemens entre ces deux Villes.

Les Electeurs des Paroisses du Fronsadois ne seront point admis à cette délibération, & ces Paroisses ont l'option de s'unir au District de Libourne, ou de rester à celui de Bourg ou de Blaye.

Département de l'Hérault.

La première Assemblée de ce Département se tiendra à Montpellier & alternera entre Béziers, Lodève, Saint-Pons & Montpellier.

Ce Département est divisé en quatre Districts, dont les Chefs-lieux sont :

Montpellier.	Lodève.
Béziers.	Saint-Pons.

Département de l'Ille & Vilaine.

L'Assemblée de ce Département se tiendra dans la Ville de Rennes.

Il

Il eſt diviſé en neuf diſtricts, dont les Chef s-lieux ſont :

Rennes.	La Guerche.
Saint-Malo.	Bain.
Dol.	Redon.
Fougères.	Montfort.
Vitré.	

Département de l'Indre.

L'Aſſemblée de ce Département ſe tiendra proviſoirement à Châteauroux, & elle délibérera ſi elle doit reſter fixée à Châteauroux, ou être transférée à Iſſoudun.

Ce Département eſt diviſé en ſix Diſtricts, dont les Chefs-lieux ſont :

Iſſoudun.	Argenton.
Châteauroux.	Le Blanc.
La Châtre.	Châtillon-ſur-Indre.

Les Villes de Vatan, Valancey, Buzançois, Levron, Saint-Benoît-du-Saut, Saint-Gauthier, Aigurande & autres, pourront obtenir le partage des établiſſemens de leurs Diſtricts reſpectifs.

Département d'Indre & Loire.

L'Aſſemblée de ce Département ſe tiendra à Tours.

Il eſt diviſé en ſept Diſtricts, dont les Chefs-lieux ſont :

Tours.	Chinon.
Amboiſe.	Preuilly.
Château-Renaud.	Langeais.
Loches.	

S'il eſt établi un Tribunal dans le Diſtrict de Langeais, il ſera placé à Bourgeuil.

Richelieu ſera auſſi le Siége d'un des établiſſemens, ſi l'Aſſemblée Nationale le juge convenable.

Département de l'Isère.

La première Aſſemblée des Electeurs de ce Département ſe tiendra à Moirans.

Ils y délibéreront ſur le choix des Villes dans leſquelles l'Aſſemblée de Département doit alterner, ſur l'ordre de cet alternat, & ſur la fixation du Directoire, qui ne doit point alterner.

Ce Département eſt diviſé en quatre Diſtricts, dont les Chefs-lieux ſont :

Grenoble.	Saint-Marcellin.
Vienne.	La Tour-du-Pin.

Département du Jura.

L'Aſſemblée & le Directoire de ce Département ſe tiendront alternativement dans les Villes de

Lons-le-Saunier.	Salins.
Dole.	Poligny.

L'Aſſemblée des Electeurs ſe tiendra toujours dans la Ville d'Arbois.

Ce Département eſt diviſé en ſix Diſtricts, dont les Chefs-lieux ſont :

Dole.	Lons-le-Saunier.
Salins.	Orgelet.
Poligny.	Saint-Claude.

Département des Landes.

L'Aſſemblée de ce Département ſe tiendra proviſoirement à Mont-de-Marſan.

Les Electeurs proposeront un alternat, s'ils le jugent convenable aux intérêts du Département.

Ce Département est divisé en quatre Districts, dont les Chefs-lieux sont :

Mont-de-Marsan.	Tartas.
Saint-Sever.	Dax.

S'il est établi un Tribunal dans ce Département, il sera placé à Dax.

Département du Loir & du Cher.

L'Assemblée de ce Département se tiendra dans la Ville de Blois.

Il est divisé en six Districts, dont les Chefs-lieux sont :

Blois.	Mont-Doubleau.
Vendôme.	Mers.
Romorentin.	Saint-Aignan.

Le Tribunal qui pourra être établi dans le District de Saint-Aignan sera fixé à Montrichard.

Département de la haute Loire.

L'Assemblée de ce Département se tiendra dans la Ville du Puy.

Il est divisé en trois Districts, dont les Chefs-lieux sont :

Le Puy.	Yssengeaux.
Brioude.	

La première Assemblée délibérera si Yssengeaux doit être définitivement Chef-lieu du District, & pourra proposer la division des établissemens de ce District entre les différentes Villes qui y sont situées.

Département de la Loire inférieure.

L'Aſſemblée de ce Département ſe tiendra à Nantes.

Il eſt diviſé en neuf Diſtricts, dont les Chefs-lieux ſont :

Nantes.	Cliſſon.
Ancenis.	Guérande.
Châteaubriant.	Paimbœuf.
Blain.	Machecoul.
Savenay.	

Département du Loiret.

L'Aſſemblée de ce Département ſe tiendra à Orléans.

Il eſt diviſé en ſept Diſtricts, dont les Chefs-lieux ſont :

Orléans.	Montargis.
Beaugency.	Gien.
Neuville.	Bois-Commun.
Pethiviers.	

Les Electeurs du Département examineront s'il eſt plus avantageux de placer le Diſtrict de Bois-Commun dans la Ville de Lorris, ou de faire partager les établiſſemens à cette dernière, en la détachant du Diſtrict de Montargis. Ils délibéreront auſſi ſur le partage des établiſſemens dans le Diſtrict de Pethiviers, & ſur la diſtribution de ceux qui ſeront déterminés par la Conſtitution dans les différentes Villes du Département.

Département du Lot.

L'Aſſemblée de ce Département ſe tiendra à Cahors.

Il

Il est divisé en six Districts, dont les Chefs-lieux sont :

Cahors. Gordon.
Montauban. Martel.
Lauzerte. Figeac.

Les Electeurs délibéreront sur l'utilité ou les inconvéniens de la division de ce Département en un plus grand nombre de Districts.

Les établissemens du District de Lauzerte seront partagés avec Moissac ; les Electeurs indiqueront celle des deux Villes dans laquelle il sera fixé, de manière que Moissac soit le Chef-lieu du District, ou le siége de la Jurisdiction.

Département du Lot & Garonne.

La première Assemblée de ce Département se tiendra à Agen, & alternera dans les Villes qui en seront jugées susceptibles par les Electeurs, qui pourront néanmoins proposer la fixation du Chef-lieu.

Ce Département est divisé en neuf Districts, dont les Chefs-lieux sont :

Agen. Villeneuve.
Nérac. Valence.
Castel-Jaloux. Montflanquin.
Tonneins. Lauzun.
Marmande.

Département de la Lozère.

La première Assemblée de Département se tiendra à Mende, & pourra alterner avec Marvejols.

Ce Département eſt provisoirement divisé en ſept Diſtricts, dont les Chefs-lieux ſont :

Mende.	Vittefort.
Marvejol.	Meirveys.
Florac.	Saint-Chely.
Langogne.	

Les Electeurs délibéreront ſi l'établiſſement du Diſtrict indiqué à Saint-Chely, ſera placé à Malzieu.

Département de Maine & Loire.

La première Aſſemblée de ce Département ſe tiendra à Angers ; enſuite alternativement à Saumur & à Angers, à moins qu'elle ne juge l'alternat contraire à l'intérêt de ce Département.

Il eſt diviſé en huit Diſtricts, dont les Chefs-lieux ſont :

Angers.	Ségré.
Saumur.	Saint-Florent.
Baugé.	Cholet.
Châteauneuf.	Vihiers.

Département de la Manche.

L'Aſſemblée de ce Département ſe tiendra proviſoirement dans la Ville de Coutances : les Electeurs délibéreront ſi l'Aſſemblée de Département doit alterner, & ſi Coutances doit définitivement en demeurer le Chef-lieu.

Ce Département eſt diviſé en ſept Diſtricts, dont les Chefs-lieux ſont :

Avranches.	Carentan.
Coutances.	Saint-Lô.
Cherbourg.	Mortain.
Valogne.	

Les établiſſemens ſont fixés proviſoirement à Carentan. Les habitans de ce Diſtrict auront la faculté de demander d'autres Chefs-lieux d'adminiſtration, & de propoſer le partage de l'adminiſtration & de la juſtice.

Département de la Marne.

L'Aſſemblée de ce Département ſe tiendra proviſoirement dans la Ville de Châlons-ſur-Marne, & les Electeurs délibéreront ſi elle doit alterner.

Ce Département eſt diviſé en ſix Diſtricts, dont les Chefs-lieux ſont :

Châlons.	Vitry-le-Français.
Reims.	Épernay.
Sainte-Menehould.	Sézanne.

Département de la Haute Marne.

La première Aſſemblée de ce Département ſe tiendra dans la Ville de Chaumont.

Les Electeurs délibéreront ſi, pour les ſeſſions ſuivantes, l'Aſſemblée doit alterner entre Chaumont & Langres, & ſi elle doit définitivement être fixée à Chaumont.

Il eſt diviſé en ſix Diſtricts, dont les Chefs-lieux ſont :

Chaumont.	Bourmont.
Langres.	Joinville.
Bourbonne.	Saint-Dizier.

La Ville de Vaſſy aura le Tribunal, s'il en eſt créé dans le Diſtrict de Saint-Dizier.

Département de la Mayenne.

L'Aſſemblée de ce Département ſe tiendra à Laval, ſauf à placer, s'il y a lieu, les autres établiſſemens qui pourront être décrétées par l'Assemblée Nationale, dans les Villes de Marennes & Château-Gontier.

Ce Département est divisé en sept districts, dont les Chefs-lieux sont :

Ernée.	Laval.
Mayenne.	Craon.
Laffay.	Château-Gontier.
Sainte-Susanne.	

La Ville de Villaine pourra partager les établissemens avec Laffay ; mais Laffay conservera l'option.

La Ville d'Evron partagera aussi avec celle de Sainte-Susanne, & aura l'option.

Département de la Meurte.

La première Assemblée de ce Département se tiendra à Nancy, & ensuite les séances alterneront avec Lunéville. Cet alternat n'est décrété que provisoirement.

Il est divisé en neuf Districts, dont les Chefs-lieux sont :

Nancy.	Vic.
Lunéville.	Pont-à-Mousson.
Blamont.	Toul.
Strasbourg.	Vézelise.
Dieuze.	

L'Assemblée de District n'est que provisoirement à Vic.

L'Assemblée du Département proposera des dispositions définitives, telles que Vic ne réunisse pas deux établissemens.

Département de la Meuse.

L'Assemblée & le Directoire de ce Département se

ſe tiendront, pour la première fois, dans la Ville de Bar. Ils alterneront de quatre en quatre ans avec Saint-Mihiel; &, dans le cas où il ſeroit établi un Tribunal ſuprême de Judicature dans ce Département, la Ville de Bar aura l'option : l'alternat ceſſera, en abandonnant l'un des deux établiſſemens à la Ville de Saint-Mihiel.

Ce Département eſt diviſé en huit Diſtricts, dont les Chefs-lieux ſont:

Bar-le-Duc.	Verdun.
Gondrecourt.	Clermont.
Commerci.	Etain.
Saint-Mihiel.	Stenay.

Ces Diſtricts pourront être réduits à quatre, à la prochaine Légiſlature, ſur la demande du Département. Les établiſſemens ſeront partagés entre Gondrecourt & Vaucouleurs, Clermont & Varenne, Montmedy & Stenay; l'option réſervée à Gondrecourt, Varenne & Stenay.

Département du Morbihan.

L'Aſſemblée de ce Département ſe tiendra à Vannes.

Il eſt diviſé en neuf Diſtricts, dont les Chefs-lieux ſont :

Vannes.	Joſſelin.
Auray.	Ploermel.
Hennebon.	Rochefort.
Le Faouet.	La Roche-Bernard.
Pontivy.	

Le Diſtrict eſt établi proviſoirement à Auray.

L'Aſſemblée de Département propoſera celle des

deux Villes, d'Hennebon ou l'Orient, qu'elle croira devoir être Chef-lieu de ce Diſtrict.

Département de la Mozelle.

L'Aſſemblée de ce Département ſe tiendra dans la Ville de Metz.

Il eſt diviſé en neuf Diſtricts, dont les Chefs-lieux ſont :

Metz.	Boullay.
Longwy, *proviſoirement.*	Sarreguemines.
Briey.	Bitch.
Thionville.	Morhange.
Sarlouis, *proviſoirement.*	

Bouzonville, Villers-la-Montagne & Longuyon pourront obtenir les Tribunaux, s'il en eſt fixé dans les Diſtricts de Sarlouis & de Longwy.

Département de la Nièvre.

L'Aſſemblée de ce Département ſe tiendra à Nevers.

Il eſt diviſé en neuf Diſtricts, dont les Chefs-lieux ſont :

Nevers.	Corbigny.
St.-Pierre-le-Moutier.	Clameci.
Décize.	Coſne.
Moulins-en-Gilbert.	La Charité.
Château-Chinon.	

Département du Nord.

L'aſſemblée de ce Département ſe tiendra dans la Ville de Douay.

Il eſt diviſé en huit Diſtricts, dont les Chefs-lieux ſont :

Valenciennes.	Douay.
Le Quefnoy.	Lille.
Avefnes.	Hazebrouck.
Cambray.	Bergues.

Les Villes de Valenciennes, Avennes, le Quefnoy, Cambray, Lille & Douay, réuniront l'adminiftration & la juftice.

Bailleul fera le Siége de juftice, s'il en eft établi dans le Diftrict d'Hazebrouk.

Les Electeurs du Diftrict de Bergues délibéreront fi le Siége de la juftice doit être placé à Bergues ou à Dunkerque.

Département de l'Oife.

La première Affemblée de ce Département fe tiendra dans la Ville de Beauvais, & pourra propofer, dans le cours de fa feffion, le lieu où feront convoquées les fuivantes, fi elle ne juge pas qu'elles doivent être continuées à Beauvais.

Ce Département eft divifé en neuf Diftricts, dont les Chefs-lieux font :

Beauvais.	Senlis.
Chaumont.	Noyon.
Granvilliers.	Compiegne.
Breteuil.	Crépy.
Clermont.	

Département de l'Orne.

L'Affemblée de ce Département fe tiendra dans la Ville d'Alençon.

Il eſt diviſé en ſix Diſtricts, dont les Chefs-lieux ſont :

Alençon.	L'Aigle.
Domfront.	Bellême.
Argentan.	Mortagne.

Département de Paris.

L'Aſſemblée de ce Département ſe tiendra dans la Ville de Paris.

Il eſt diviſé en trois Diſtricts, dont les Chefs-lieux ſont :

Paris.	Le Bourg-la-Reine.
Saint-Denys.	

Les Diſtricts de St.-Denis & du Bourg-la-Reine feront ſeulement adminiſtratifs.

Département du Pas-de-Calais.

Les Electeurs de ce Département ſe réuniront dans la Ville d'Aire. Ils délibéront ſur le lieu de leurs Aſſemblées ſubſéquentes, & ſi l'établiſſement de l'Aſſemblée du Département, fixée proviſoirement à Arras, ſera définitif.

Il eſt diviſé en huit Diſtricts, dont les Chefs-lieux ſont :

Arras.	Bapaume.
Calais.	Saint Pol.
Saint-Omer.	Boulogne.
Béthune.	Montreuil.

Réſervé à Hefdin l'établiſſement du Tribunal, s'il en eſt placé dans le Diſtrict de Montreuil.

Département

Département du Puy-de-Dôme.

La première Assemblée de ce Département se tiendra dans la Ville de Clermont ; & dans le cas où il seroit établi un Tribunal supérieur dans ce Département, il sera délibéré par les Electeurs du Département, s'il convient de le placer dans la Ville de Clermont, par préférence à celle de Riom, auquel cas l'administration seroit fixée dans la Ville de Riom.

Ce Département est divisé en huit Districts, dont les Chefs-lieux sont :

Clermont.	Issoire.
Rhiom.	Besse.
Ambert.	Billom.
Thiers.	Montaigu.

Les Electeurs du Département détermineront si l'Assemblée du District, indiquée provisoirement à Besse, doit y être fixée par préférence à la Tour, ou à Tauve.

La demande de la Ville d'Aigue-Perse sera prise en considération, lors de l'établissement des Tribunaux.

Département des hautes Pyrénées.

L'Assemblée de ce Département se tiendra à Tarbes.

Il est divisé en cinq Districts, dont les Chefs-lieux sont :

Tarbes.	La Barthe-de-Nestes,
Vic.	
Bagnières.	*ou*
Argelès.	Les Quatre-Vallées.

Argelès sera seulement le siège d'administration du District de la Montagne ; tous les autres établissemens seront à Lourdes.

L'Affemblée des Electeurs du Diftrict des Quatre-Vallées fe tiendra à la Barthe-de-Neftes, & y delibérera fur la divifion des établiffemens.

L'Affemblée de Département délibérera s'il eft convenable de former un fixième Diftrict à Tric, ou dans toute autre Ville.

Département des baffes Pyrénées.

La première Affemblée des Electeurs du Département fe réunira dans la Ville de Navarreins, & ils délibéreront fur le choix de la Ville dans laquelle fe tiendra la première Affemblée de ce Département, & s'il y a lieu à l'alternat.

Ce Département eft divifé en fix Diftricts, dont les Chefs-lieux font :

Pau. Mauléon.
Ortez. Saint-Palais.
Oléron. Uftaritz.

Département des Pyrénées Orientales.

L'Affemblée de ce Département fe tiendra à Perpignan.

Il eft divifé en trois Diftricts, dont les Chefs-lieux font :

Perpignan. Prades.
Ceret.

Département du haut Rhin.

L'Affemblée de ce Département fe tiendra à Colmar.

Il eft divifé en trois Diftricts, dont les Chefs-lieux font :

Colmar. Belfort.
Altkirke.

Département du bas Rhin.

L'Aſſemblée de ce Département ſe tiendra à Straſbourg.

Il eſt diviſé en quatre Diſtricts, dont les Chefs-lieux ſont :

Strasbourg. Wiſſembourg.
Hagueneau. Benfeld.

L'établiſſement de Diſtrict dans la Ville de Benfeld eſt proviſoire.

Département du Rhône & Loire.

L'Aſſemblée de ce Département ſe tiendra proviſoirement dans la Ville de Lyon, & alternera enſuite dans les Villes de Saint-Etienne, Montbriſon, Roanne & Ville-Franche, à moins que les Electeurs ne préfèrent d'en fixer définitivement la réſidence.

Ce Département eſt diviſé en ſix Diſtricts, dont les Chefs-lieux ſont :

La Ville de Lyon. Montbriſon.
La Campagne de Lyon. Roanne.
Saint-Etienne. Ville-Franche.

L'Aſſemblée du Diſtrict de la Campagne ſe tiendra dans la Ville de Lyon.

Département de la haute Saône.

L'Aſſemblée des Electeurs, celle du Département & ſon Directoire, ſe tiendront alternativement dans les Villes de Veſoul & Gray, de manière cependant que leſdites Aſſemblées & Directoires ſeront deux fois de ſuite dans la Ville de Veſoul, la troiſième fois dans celle de Gray.

Ce Département eſt diviſé en ſix Diſtricts, dont les Chefs-lieux ſont :

Veſoul.	Luxeuil.
Gray.	Juſſey.
Lure.	Champlitre.

Département de Saône & Loire.

Les Electeurs de ce Département ſe réuniront à Mâcon, pour y nommer les Membres de l'Aſſemblée de Département. Ils ſe retireront enſuite dans le Chef-lieu de l'un des Diſtricts, autres que ceux de Mâcon & de Châlons, pour y délibérer ſur le lieu des ſéances des Aſſemblées ſubſéquentes.

La première Aſſemblée ſe tiendra proviſoirement à Mâcon.

Ce Département eſt diviſé en ſept Diſtricts, dont les Chefs-lieux ſont :

Mâcon.	Bourbon-Lancy.
Châlons.	Charolles.
Louhan.	Sèmur-en-Brionnois, *proviſoirement.*
Autun.	

Les Electeurs propoſeront celle des deux Villes, Sémur & Marcigny, dans laquelle le diſtrict doit être fixé, & dans le cas ou Sémur conſerveroit le Diſtrict, Marcigny aura le Tribunal.

Département de la Sarthe.

L'Aſſemblée de ce Département ſe tiendra dans la Ville du Mans.

Il eſt diviſé en neuf Diſtricts, dont les Chefs-lieux ſont :

Le Mans. Sillé-le-Guillaume.
Saint-Calais. Frenay-le-Vicomte.
Château-du-Loir. Mamers.
La Flèche. La Ferté-Bernard.
Sablé.

L'Aſſemblée Nationale prendra en conſidération la demande des Députés du haut Maine, relativement au nombre & à l'emplacement des Tribunaux de juſtice.

Département de la Seine & de l'Oiſe.

L'Aſſemblée de ce Département ſe tiendra dans la Ville de Verſailles.

Il eſt diviſé en neuf Diſtricts, dont les Chefs-lieux ſont, proviſoirement :

Verſaillles. Montfort.
Saint-Germain. Étampes.
Mantes. Corbeil.
Pontoiſe. Goneſſe.
Dourdan.

Rambouillet ſera le ſiége de la juriſdiction du Diſtrict de Dourdan.

Département de la Seine inférieure.

L'Aſſemblée de ce Département ſe tiendra dans la Ville de Rouen.

Il eſt diviſé en ſept Diſtricts, dont les Chefs-lieux ſont :

Rouen. Dieppe.
Caudebec. Neufchâtel.
Montivilliers. Gournay.
Cany.

Les Villes de Fécamp, d'Eu & d'Aumale présenteront à l'Assemblée des Electeurs de ce Département, leurs réclamations; & les Electeurs proposeront à l'Assemblée Nationale les changemens ou modifications qu'ils jugeront convenables.

Les Electeurs du District de Montivilliers délibéreront sur la fixation du Chef-lieu de District, entre les Villes du Hâvre & Montivilliers.

Les Villes de ce Département pourront prétendre à la répartition des établissemens qui seront déterminés par la Constitution.

Département de Seine & Marne.

La première Assemblée de ce Département se tiendra à Melun. Il y sera délibéré si les suivantes continueront d'y avoir lieu, ou si elles seront tenues dans d'autres Villes.

Ce Département est divisé en cinq Districts, dont les Chefs-lieux sont,

Melun.	Nemours.
Meaux.	Rosoy.
Provins.	

Coulomier aura le Tribunal de Justice, s'il en est fixé un dans le District de Rosoy.

Département des deux Sevres.

L'Assemblée de ce Département se tiendra alternativement dans les Villes de Niort, Saint-Maixant & Partenay, en commençant par Niort.

La première Assemblée de ce Département pourra proposer de la fixer dans l'une de ces trois Villes ou dans toute autre.

Ce Département eſt diviſé en ſix Diſtricts, dont les Chefs lieux ſont :

Niort.	Thouarres.
Saint-Maixant.	Melle.
Partenay.	Châtillon.

S'il eſt créé un Siége de Juſtice dans le Diſtrict de Châtillon, il ſera placé à Breſſuire.

Département de la Somme.

L'Aſſemblée de ce Département ſe tiendra à Amiens.

Il eſt diviſé en cinq Diſtricts, dont les Chefs-lieux ſont :

Amiens.	Doulens.
Abbeville.	Montdidier.
Perronne.	

Sauf, à l'égard de cette dernière Ville, à partager, *s'il y a lieu*, avec la Ville de Roye, les établiſſemens qui pourront être créés dans ce Diſtrict.

Département du Tarn.

L'Aſſemblée de ce Département ſe tiendra proviſoirement à Caſtres, & pourra alterner entre Alby, Caſtres & Lavaur.

Ce Département eſt diviſé en cinq Diſtricts, dont les Chefs-lieux ſont :

Caſtres.	Gaillac.
Lavaur.	La Caune.
Alby.	

Département du Var.

La première Aſſemblée de ce Département ſe tiendra à Toulon, & pourra alterner ensuite entre toutes les Villes désignées pour Chefs-lieux des Districts, en suivant l'ordre des plus affouagés & imposés

Les Électeurs assemblés à Toulon délibéreront si le Directoire doit être fixé dans un des Chefs-lieux, & indiqueront celui qui leur paroîtra le plus convenable.

Ce Département est divisé en neuf Districts, dont les Chefs-lieux sont :

Toulon.	Brignolles.
Grasse.	Fréjus.
Hières.	Saint-Paul-lès-Vences.
Draguignan.	Barjols.
Saint-Maximin.	

La Ville de Fréjus n'est que provisoirement le Chef-lieu de son District; & le Département pourra proposer un autre Chef-lieu.

Département de la Vendée.

L'Assemblée de ce Département se tiendra à Fontenaye-le-Comte.

Il est divisé en six Districts, dont les Chefs-lieux sont :

Fontenay-le-Comte.	Chalan.
La Châtaigneraye.	Les Sables d'Olonne.
Montaigu.	La Roche-sur-Yon.

Les Électeurs examineront s'il est utile de placer dans la Ville de Poussanges le Tribunal qui pourra être créé dans le District de la Châtaigneray.

Département de la Vienne.

L'Assemblée de ce Département se tiendra à Poitiers.

Il

Il est divisé en six Districts, dont les Chefs-lieux sont :

Poitiers.	Montmorillon.
Châtelleraul.	Lusignan.
Loudun.	Civray.

La Ville de Mirebeau a la faculté d'opter sa réunion avec Loudun ou avec Poitiers, & elle obtiendra un des établissemens qui pourront être créés dans le District auquel elle sera unie.

Département de la haute Vienne.

L'Assemblée de ce Département se tiendra à Limoges.

Il est divisé en six Districts, dont les Chefs-lieux sont :

Limoges.	Saint-Junien.
Le Dorat.	Saint-Yriex.
Bellac.	Saint-Léonard.

Réservé à la Ville de Rochechouard un Tribunal, s'il en est établi un dans le District.

Département des Vôges.

Les Électeurs de ce Département s'assembleront à Épinal. Ils y délibéreront sur la division des établissemens principaux de ce Département, entre Mirecourt & Épinal; & celle des deux Villes qui aura obtenu l'Assemblée de Département, ne pourra prétendre au Tribunal de Justice.

Ce Département est divisé en neuf Districts, dont les Chefs-lieux sont :

Épinal.	Bruyères.
Mirecourt.	Darney.
Saint-Dié.	Neuf-Château.
Rambervillers.	La Marche.
Rémiremont.	

Département de l'Yonne.

L'Assemblée de ce Département se tiendra dans la Ville d'Auxerre.

Il est divisé en sept Districts, dont les Chefs-lieux sont :

Auxerre.	Avallon.
Sens.	Tonnerre.
Joigny.	Saint-Florentin.
Saint-Fargeau.	

L'Assemblée de Département délibérera si le Chef-lieu de District, désigné à Saint-Florentin, ne seroit pas plus convenablement placé à Villeneuve-le-Roi.

DÉCRET du 18 Février 1790,

Sanctionné par le Roi;

Qui autorise les Comités de l'Assemblée Nationale à demander dans les Dépôts des Départemens, ceux des Cours & autres Dépôts publics, toutes les pièces qu'ils jugeront nécessaires à leurs travaux.

L'Assemblée Nationale a décrété ce qui suit :

Les différens Comités établis par Nous, seront autorisés à demander dans les dépôts des Départemens, ceux des Cours & autres dépôts publics, toutes les pièces qu'ils jugeront nécessaires à leurs travaux, desquelles pièces il leur sera délivré des copies certifiées, sur papier timbré ou non timbré, & sans frais; même que dans le cas où lesdits Comités jugeront nécessaire de voir les minutes, elles seront représentées aux Commissaires qu'ils nommeront à cet effet.

DÉCRET du 6 Février 1790,

Sanctionné par le Roi.

L'Assemblée Nationale, délibérant sur la conduite des Juges désignés pour composer la Chambre des Vacations dernièrement nommée parmi les Membres du Parlement de Bretagne, déclare que dans le moment où le Roi est venu se réunir si intimement aux Représentans de la Nation, elle ne veut se rappeller que les sentimens patriotiques qui ont animé tous les François ; mais attendu que ceux qui ont résisté à la souveraineté de la Nation & aux ordres du Roi, ne peuvent exercer les droits de Citoyen actif, jusqu'à ce que, sur leur requête, le Corps législatif les ait relevés de l'incapacité qu'ils ont encourue.

Elle décrète que les ci-devant Juges appelés pour composer la Chambre des Vacations dernièrement nommée en Bretagne, ne seront admis à exercer les Droits de Citoyen actif, que lorsque, sur leur requête présentée au Corps législatif, ils en auront obtenu la permission.

DÉCRET du 4 Mars 1790,

Sanctionné par le Roi,

Portant qu'il sera établi dans la ville d'Abbeville, sur tous Citoyens payant deux livres de Capitation & plus, une taxe égale à celle de la Capitation, pour le soulagement des Ouvriers indigens de cette Ville.

L'Assemblée Nationale, après avoir entendu le

rapport qui lui a été fait de la demande de la Commune d'Abbeville, à l'effet d'être autorisée à subvenir, par la voie d'une contribution, au soulagement des Ouvriers indigens de cette Ville, a décrété ce qui suit :

ARTICLE PREMIER.

Il sera levé dans la Ville d'Abbeville, sur tous les Citoyens payant deux livres de Capitation & plus, une taxe égale à celle de leur Capitation, payable en quatre termes, de mois en mois, & par avance.

II. La taxe des Ecclésiastiques, des Maisons religieuses & autres anciens Privilégiés, sera égale à celle qu'ils paieront pour la présente année.

III. Les Officiers Municipaux feront, si besoin est, les rôles en la forme ordinaire & accoutumée.

IV. Pour rendre lesdits rôles exécutoires, on attendra que l'Administration du Département soit établie. L'Administration du Département prononcera seule provisoirement sur les réclamations & contestations qui pourroient s'élever à l'occasion de cette imposition.

V. Il sera formé un Bureau d'Administration, conformément à la Délibération de ladite Commune, en date du 14 du mois dernier, lequel Bureau recevra toutes les sommes provenant desdites contributions, & en donnera toutes les décharges nécessaires aux Receveurs de la Capitation & à la Compagnie.

DÉCRET du 13 Mars 1790,

Sanctionné par le Roi,

Qui autorise la Ville de Poitiers à imposer sur les habitans qui paient un écu d'imposition & au dessus, la somme de 12,000 livres, pour ladite somme être employée au paiement des pauvres valides occupés aux travaux de charité, & à la subsistance des Mendians invalides.

L'Assemblée Nationale a décrété ce qui suit :

La Ville de Poitiers imposera sur les habitans qui paient un écu d'imposition & au-dessus, la somme de 12,000 livres, pour ladite somme être employée au paiement des pauvres valides occupés aux travaux de charité, & à la subsistance des Mendians invalides ; & le rôle sera rendu exécutoire par l'Assemblée de Département.

DÉCRET du 27 Février 1790,

Sanctionné par le Roi.

Qui ordonne que l'exportation des bois continuera d'avoir lieu dans la Province de Lorraine-Allemande.

L'Assemblée Nationale, instruite que quelques Adjudicataires des bois situés dans la Lorraine-Allemande éprouvoient des difficultés pour l'exportation de ces bois à l'étranger, quoique la faculté leur en eût été assurée par leurs adjudications, a décrété ce qui suit :

Jusqu'à ce qu'il ait été statué sur la liberté ou la défense de l'exportation, d'après les demandes & les renseignemens des Assemblées administratives de la Province, la liberté de l'exportation doit continuer d'avoir lieu dans la Lorraine-Allemande.

DÉCRET du 7 Janvier 1790,

Sanctionné par le Roi.

L'Assemblée Nationale a décrété & décrète ce qui suit :

Jusqu'à l'époque où nous aurons déterminé par nos Décrets l'organisation des Milices & Gardes-Nationales, les Citoyens qui remplissent actuellement les fonctions d'Officiers ou Soldats dans les Gardes-Nationales, même ceux qui se sont formés sous le titre & dénomination de *Volontaires*, prêteront par provision, & aussi-tôt après que les Municipalités seront établies, entre les mains du Maire & des Officiers Municipaux, en présence de la Commune assemblée, le serment d'être fidèles à la Nation, à la Loi & au Roi; de maintenir de tout leur pouvoir, sur la réquisition des Corps administratifs & municipaux, la Constitution du Royaume, & de prêter pareillement, sur les mêmes réquisitions, main-forte à l'exécution des Ordonnances de Justice & à celle de nos Décrets acceptés & sanctionnés par le Roi.

DÉCRET du 17 Mars 1790,

Sanctionné par le Roi ;

Concernant l'aliénation à la Municipalité de Paris & à celles du Royaume, de quatre cents millions de Biens Domaniaux & Eccléſiaſtiques.

L'Aſſemblée Nationale a décrété ce qui ſuit :

1°. Que les Biens Domaniaux & Eccléſiaſtiques dont Elle a précédemment ordonné la vente par ſon Décret du 19 Décembre, juſqu'à la concurrence de quatre cents millions, ſeront inceſſamment vendus & aliénés à la Municipalité de Paris, & aux Municipalités du Royaume auxquelles il pourroit convenir d'en faire l'acquiſition.

2°. Qu'il ſera nommé à cet effet, par Elle, douze Commiſſaires, pris dans l'Aſſemblée, pour aviſer, contradictoirement avec les Membres élus par la Municipalité de Paris, au choix & à l'eſtimation deſdits biens, juſqu'à la concurrence des deux cents millions demandés par ladite Municipalité ; que l'aliénation définitive deſdits deux cents millions de biens, ſera faite aux clauſes & conditions qui ſeront définitivement arrêtées ; & , en outre, à la charge par la Municipalité de Paris, de tranſporter, au ſuſdit prix de l'eſtimation, telle portion deſdits biens qui pourroit convenir aux autres Municipalités, aux mêmes clauſes & conditions accordées à la Capitale.

3°. Qu'il ſera rendu compte préalablement par les Commiſſaires, à l'Aſſemblée Nationale, du réſultat de leur travail, & de l'eſtimation des Experts, dans le moindre délai poſſible.

4°. Que les Commiſſaires de l'Aſſemblée Nationale s'occuperont des moyens de rapprocher, le plus poſſible, les échéances de rembourſement de la liquidation générale des biens domaniaux & eccléſiaſtiques dont la vente a été décrétée ; & pour y parvenir plus efficacement, l'Aſſemblée Nationale ordonne que, ſous l'inſpection deſdits Commiſſaires, les Municipalités qui acquerront leſdits biens domaniaux & eccléſiaſtiques, ſeront tenus de remettre, ſans retard, leſdits biens en vente, au plus offrant & dernier enchériſſeur, dans les délais preſcrits, dès le moment qu'il ſe préſentera quelqu'acquéreur qui les portera au prix fixé par l'eſtimation des Experts.

DÉCRET du 18 Mars 1790,

Sanctionné par le Roi.

Comprenant les diſpoſitions pour prévenir & arrêter les abus relatifs aux Bois & Forêts domaniaux, & dépendans d'Etabliſſemens eccléſiaſtiques.

L'Aſſemblée Nationale, après avoir entendu le Rapport fait ſur le Décret du 11 de ce mois, voulant comprendre dans une ſeule & même Loi les diſpoſitions néceſſaires pour prévenir & arrêter les abus relatifs aux Bois & Forêts dans la poſſeſſion deſquels la Nation peut être dans le cas de rentrer, ou dont elle pourroit avoir à diſpoſer, a décrété ce qui ſuit :

ARTICLE

ARTICLE PREMIER.

Il sera provisoirement sursis par les Apanagistes, Engagistes, Donataires, Concessionnaires, & tous Détenteurs, à quelque titre que ce soit ; des Bois & Forêts domaniaux, & par tous Echangistes dont les échanges ne sont pas consommés, à toute coupe de futaie dans lesdits Bois & Forêts, à peine de confiscation des bois coupés, & de mille livres d'amende pour toute coupe au-dessous d'un arpent, & de mille livres par arpent, pour toute coupe excédante ; sans préjudice néanmoins à la pleine & entière exécution des coupes extraordinaires, autorisées & adjugées dans les formes légales, jusqu'au jour de la publication des présentes.

II. Il sera pareillement sursis à toute permission, adjudication, exploitation de coupes extraordinaires des Bois dépendans d'établissemens ecclésiastiques, sans préjudice à la pleine & entière exécution des coupes extraordinaires autorisées & adjugées dans les formes légales, jusqu'au jour de la publication des présentes, à la charge aux adjudicataires de verser dans la caisse de l'administration des Domaines, le prix des adjudications, dont il ne sera disposé que d'après les Assemblées de District & de Département, ou de leurs Directoires, ou pour le paiement des dépenses extraordinaires faites avant la publication des présentes, conformément aux Arrêts & Lettres-Patentes qui les ont autorisées.

III. Les Apanagiſtes, Engagiſtes, Conceſſionnaires des Bois & Forêts domaniaux, à quelque titre que ce ſoit, & les Echangiſtes dont les échanges ne ſont pas conſommés, ainſi que tous Bénéficiers ou autres Poſſeſſeurs ou Adminiſtrateurs des Bois & Forêts eccléſiaſtiques, ne pourront faire des coupes de taillis dans les Bois & Forêts, conformément aux aménagemens; & à défaut des procès-verbaux d'aménagement, leſdits taillis ne pourront être coupés qu'à l'âge auquel ils ont accoutumé de l'être.

IV. Les perſonnes déſignées en l'article précédent, ne pourront commencer l'exploitation deſdites coupes, qu'après en avoir obtenu l'exploitation des Maîtriſes ou autres Juges compétens, & cette permiſſion ne ſera délivrée qu'après la communication de la demande au Diſtrict de la ſituation des bois ou à ſon Directoire, à la Municipalité, ou aux Municipalités des lieux, en attendant l'établiſſement des Diſtricts, à peine de confiſcation des bois coupés, & de cinq cent livres d'amende pour toute coupe au-deſſous d'un arpent, & de cinq cents livres par arpent pour toute coupe excédante.

V. Toute exploitation de taillis ci-deſſus déſignés, actuellement commencée & non conforme aux procès-verbaux d'aménagement, ou, à défaut des Procès-verbaux d'aménagement, au-deſſous de l'âge ordinaire des coupes précédentes, ſera ſuſpendue auſſi-tôt après la publication des préſentes, ſous les peines portées en l'article précédent; & les bois actuellement coupés en contravention, feront faifis & vendus, à la diligence des Officiers des Maîtrifes, ou autres Juges compétens, & les deniers verfés dans la caiffe de l'Adminiftration des Domaines.

VI. Il ne pourra être abattu aucuns arbres épars fur les biens domaniaux, ni fur les biens eccléfiaftiques, qu'autant que lefdits arbres feront fur le retour & dépériffans, & après avoir obtenu la permiffion prefcrite en l'article quatrième, à peine de confifcation des arbres coupés, & d'une amende, qui ne pourra être moindre que le double de la valeur defdits arbres.

VII. Les Apanagiftes, Engagiftes, Conceffionnaires des Bois & Forêts domaniaux, les Echangiftes de ces mêmes bois, dont les échanges ne font pas confommès, tous les détenteurs des droits domaniaux, à quelque titre que ce foit, les Adminiftrateurs des Bois & Forêts dépendans d'établiffemens eccléfiaftiques, ne pourront arracher lefdits bois, ni faire aucun défrichement, ni en changer la nature, fous peine de quinze cents livres d'amende par arpent.

VIII. Toutes les difpofitions ci-deffus feront exécutées dans les Provinces Belgiques, comme dans toutes les autres parties du Royaume, & les Officiers des Maîtrifes des Eaux & Forêts de ces Provinces font autorifés provifoirement à exercer, concurremment avec les Juges ordinaires, toute jurifdiction fur les Bois eccléfiaftiques, fans préjudice des pourfuites auxquelles les gens de main-morte defdites Provinces pourroient être fujets pour vente ou abatis de bois non parvenus à maturité, qu'ils pourroient avoir ci-devant faits, en contravention à la Loi, qui ordonnoit d'exploiter leurs bois en bons pères de famille.

IX. Les Municipalités sont chargées de veiller à l'exécution des présentes, & les Procureurs des Communes de dénoncer les contraventions aux Tribunaux qui doivent en connoître.

DÉCRET du 22 Mars 1790,

Sanctionné par le Roi;

Concernant la Suppression de l'exercice du droit de marque des Cuirs, à compter du premier Avril 1790, & l'abandonnement général dudit droit provisoirement & pour la présente année seulement.

L'Assemblée Nationale a décrété ce qui suit:

ARTICLE PREMIER.

L'exercice des droits de Marque de Cuirs sera supprimé dans toute l'étendue du Royaume, à compter du premier Avril prochain, à la charge par les Tanneurs & autres Fabricans de Cuirs & de Peaux, d'acquitter en douze paiemens, & dans l'espace de douze mois, la valeur des droits dûs pour les marchandises qu'ils ont en charge, sur le pied d'une estimation moyenne, qui sera décrétée en particulier par l'Assemblée Nationale.

II. Labandonnement du Droit de Marque des Cuirs & Peaux, pour toutes les marchandises de cette espèce

espèce qui seront mises en fabrication & fabriquées, à l'avenir, sera rendu général, au moyen d'une contribution sur le pied de six millions par année, qui sera répartie provisoirement & pour la présente année seulement, à compter du premier Avril prochain, sur tous les Propriétaires & Habitans du Royaume, en proportion de toutes les impositions directes & de tous les droits d'entrées des Villes; laquelle répartition aura lieu, quant aux impositions directes, au marc la livre, par simple émargement sur les rôles; & quant aux droits d'entrées des Villes, en la forme qui sera décrétée en particulier par Elle, & ordonnée par le Roi.

DÉCRET du 22 Mars 1790,

Sanctionné par le Roi.

Concernant l'abonnement général des Droits sur les Huiles à la fabrication, & sur les Huiles & Savons, au passage d'une Province dans une autre du Royaume, provisoirement & pour la présente année 1790 seulement.

L'Assemblée Nationale a décrété ce qui suit :

ARTICLE PREMIER.

Les abonnemens du droit de fabrication des Huiles, qui ont eu lieu en différentes Provinces, continueront provisoirement & pour la présente année seulement, dans les Départemens & Districts qui formoient autrefois ces Provinces.

II. Les droits de Traites que payoient les Huiles

& Savons de ces mêmes Provinces, lorſqu'ils en ſortoient pour entrer dans la conſommation du Royaume, ſeront pareillement abonnés proviſoirement & pour la préſente année ſeulement, par une contribution, à raiſon de cinq cents mille francs par année, ſur les Départemens & Diſtricts qui n'ont abonné que le droit de fabrication.

III. L'abonnement ſera rendu général par une contribution ſur le pied d'un million par année, établie proviſoirement & pour la préſente année ſeulement, ſur les Départemens & Diſtricts où la perception du droit à la fabrication des Huiles avoit lieu.

IV. Leſdites contributions ſeront proportionnées à toutes les impoſitions réelles ou perſonnelles, & à tous les droits d'entrées des Villes, & réparties, ſavoir, quant aux impoſitions directes, au marc la livre & par ſimple émargement ſur les rôles; & quant aux droits d'entrées des Villes, en la forme qui ſera décrétée en particulier par Elle, & ordonnée par le Roi.

DÉCRET du 22 Mars 1790,

Sanctionné par le Roi.

Concernant la ſuppreſſion du Droit de Marque des Fers à la fabrication & au tranſport dans l'intérieur du Royaume, à compter du premier Avril 1790, & l'abonnement dudit droit proviſoirement & pour la préſente année 1790 ſeulement.

L'Aſſemblée Nationale a décrété ce qui ſuit:

ARTICLE PREMIER.

L'exercice du Droit de Marque des Fers à la fabrication & au transport dans l'intérieur du Royaume, sera supprimé, à compter du premier Avril prochain.

II. Les Maîtres de forges & de fonderies dans les Départemens où les droits avoient lieu à la fabrication, seront tenus d'acquitter en six mois, & en six paiemens égaux, les droits qui peuvent être dûs par leurs fers déjà fabriqués.

Et, à compter du premier Octobre prochain, ceux qui ont des marchés à terme, bonifieront à leurs acquéreurs, pendant le cours desdits marchés, la valeur du droit dont leurs Fers sont déchargés à la fabrication par le Décret de l'Assemblée Nationale & par ces Présentes.

III. L'abonnement dudit droit de fabrication & desdits droits de traite sur les fers & ouvrages de fer & acier, sera rendu général, à compter dudit jour premier Avril prochain, provisoirement & pour la présente année seulement, au moyen d'une contribution réglée sur le pied d'un million par année sur les Départemens & Districts qui formoient le ressort des Parlemens de Paris, de Dijon, de Metz, à l'exception des Districts faisant partie du ressort desdites Cours, où le droit à la fabrication n'avoit été ni établi ni perçu, & d'une contribution de cinq cents mille livres sur tout le reste du Royaume.

Lesdites contributions seront établies en proportion

des impositions réelles & personnelles de tous les Départemens où elles doivent avoir lieu, & des droits d'entrées des Villes dans ces mêmes Départemens; savoir, quant aux impositions directes, au marc la livre & par simple émargement sur les rôles; & quant aux droits d'entrées des Villes, en la forme qui sera décrétée en particulier par l'Assemblée Nationale, & ordonnée par le Roi.

IV. Il sera établi à toutes les entrées du Royaume, un droit uniforme égal à celui qui avoit déjà lieu dans les Provinces ou Départemens où se percevoit le droit de marque des fers.

DÉCRET du 22 Mars 1790,

Sanctionné par le Roi,

Concernant la Suppression du Droit sur la fabrication des Amidons, à compter du premier Avril 1790, & l'établissement d'une Contribution sur toutes les Villes du Royaume, provisoirement & pour la présente année 1790. seulement.

L'Assemblée Nationale a décrété ce qui suit:

ARTICLE PREMIER.

Le droit sur la fabrication des Amidons sera supprimé, à compter du premier Avril prochain.

II. Les abonnemens relatifs au même droit cesseront, à compter du même jour.

III. Il sera établi provisoirement & pour la présente année seulement, à compter aussi du même jour,

jour, une contribution sur le pied d'un million par année sur toutes les Villes du Royaume, en proportion de toutes leurs impositions directes & de leurs droits d'entrées; savoir, quant aux impositions directes, au marc la livre & par simple émargement sur les rôles; & quant aux droits d'entrée, en la forme qui sera décrétée en particulier par Elle, & ordonnée par le Roi.

DÉCRET du 22 Mars 1790, Sanctionné par le Roi.

Qui annulle les procès commencés à raison de la perception de différens droits.

L'Assemblée Nationale a décrété ce qui suit:

Les Procès commencés à raison de la perception des droits de marque de Cuirs, de marques de Fers, sur la fabrication & le transport des Huiles & Savons, sont annullés sans frais.

DÉCRET du 19 Avril 1790, Sanctionné par le Roi.

Qui abolit le droit de ravage, fautrage, préage, coisolage, parcours *ou* pâturage *sur les prés avant la fauchaison de la première herbe, sous quelque dénomination qu'il soit connu; & qui porte que les procès intentés à raison de ce droit, ne pourront être jugés que pour les frais des procédures.*

L'Assemblée Nationale a décrété ce qui suit:

Le droit de ravage, fautrage, préage, coisolage, parcours ou pâturage sur les prés, avant la fauchaison de la première herbe, sous quelque dénomination qu'il soit connu, est aboli, sauf indemnité, dans le cas où il seroit justifié, dans la forme prescrite par l'article 29 du titre II du Décret du 15 Mars dernier, avoir été établi par convention ou par concession de fonds, & sans que, sous ce prétexte, il puisse être prétendu par ceux qui en ont joui jusqu'à présent, aucun droit de pâturage sur les secondes herbes ou regains, lorsqu'il ne leur seroit pas attribué par titre, coutume ou usage valable.

Les Procès intentés & non décidés par Jugemens en dernier ressort, avant la publication des Présentes, relativement au droit ci-dessus aboli, ne pourront être jugés que pour les frais des procédures faites antérieurement à cette époque.

DÉCRETS des 14, 15, 18, 20 & 21 Mars 1790,

Sanctionnés par le Roi.

Concernant la suppression de la Gabelle, du Quart-Bouillon & autres droits relatifs à la vente des Sels, à compter du premier Avril 1790 ; le remplacement au marc la livre des impositions réelles & personnelles de la présente année, tant de la somme de quarante millions, faisant les deux tiers du revenu de la Gabelle, que de celle de deux millions, faisant les deux tiers du revenu net des droits de traite, perçus sur le transport des Sels destinés à la consommation des Provinces franches & rédimées ; l'extinction des procès criminels, & autres dispositions relatives à la suppression des Gabelles.

L'Assemblée Nationale a décrété ce qui suit :

ARTICLE PREMIER.

La Gabelle ou la Vente exclusive du Sel dans les Départemens qui formoient autrefois les Provinces de grandes Gabelles, de petites Gabelles & de Gabelles locales, le droit de Quart-Bouillon dans les Départemens de la Manche, de l'Orne, & de l'Orne intérieure, & les droits de traite sur les Sels destinés à la consommation des départemens anciennement connus sous le nom de Provinces franches & de Provinces rédimées, seront supprimées, à compter du premier Avril prochain.

II. Une contribution réglée sur le pied de quarante millions par année, & formant les deux tiers seulement du revenu net que le Trésor national retiroit de la vente exclusive du Sel & du droit de Quart-Bouillon, sera répartie provisoirement, & pour la présente année seulement, sur les Départemens & les Districts qui ont formé les Provinces & les Pays de grandes Gabelles, de petites Gabelles & de Gabelles locales, & quart-Bouillon, en raison de la quantité du Sel qui se consommoit dans les provinces, & du prix auquel il étoit débité, avant le Décret du 23 Septembre dernier.

III. Une contribution ſur le pied de deux millions par année, formant les deux tiers ſeulement du revenu que le Tréſor national retiroit des droits de Traite de toute eſpèce, ſur le tranſport du Sel deſtiné à la conſommation des Provinces franches & rédimées, ſera proviſoirement auſſi, & pour la préſente année ſeulement, répartie ſur les Départemens & les Diſtricts qui formoient ces Provinces & payoient ces droits, en raiſon de la conſommation que chacun de ces Départemens & Diſtricts faiſoit du Sel ſoumis à ces droits, & de la ſomme dont il contribuoit pour chacun de ces droits qui ſe perçoivent ſur les Sels, à leur extraction des marais ſalans, ſauf à ceux qui auront acquis ces droits du Roi, à pourſuivre le recouvrement de leurs finances.

IV. La contribution ordonnée par les articles II & III ſera répartie dans leſdites Provinces, ſelon l'ancienne diviſion du Royaume, ſur les contribuables, par addition à toutes les impoſitions réelles & perſonnelles, tant des Villes que des Campagnes, & aux droits ſur les conſommations dans les Villes; & elle ſera, quant aux impoſitions directes, établie au marc la livre, & perçue en vertu d'un ſimple émargement en tête des rôles de la préſente année; & quant à la portion qui devra compléter la contribution des Villes, en raiſon du Sel qui ſe conſomme dans chacune d'elles, & du prix auquel il s'y vendoit, ſur l'aſſiette duquel il ſera plus particulièrement décrété par l'Aſſemblée Nationale, & ordonné par le Roi ce qu'il appartiendra.

V.

V. La contribution établie par les articles II & III, pour le remplacement du produit des deux tiers de ce que le Trésor national retiroit de la vente exclusive du Sel, aura lieu dans le ressort des Greniers par lesquels ce remplacement est dû, à compter de l'époque où ils ont été affranchis de fait des Gabelles, & où l'Etat a cessé d'en retirer un revenu.

VI. Le Sel qui se trouve actuellement dans les greniers, magasins & dépôts de la Ferme générale, dont environ un tiers appartient à l'Etat & les deux autres tiers à cette Compagnie, sera débité librement, sans aucun privilége, à compter du premier Avril prochain, au prix indiqué par la concurrence du Commerce, sans cependant que dans les lieux les plus éloignés de la mer, la Ferme générale puisse être autorisée à vendre le Sel plus de trois sols la livre, poids de marc. Les quantités actuelles de Sel qui sont dans les greniers, magasins & dépôts, seront constatées par les Municipalités des lieux, & les transports seront faits sur les réquisitions des Municipalités des lieux où il faudra passer l'approvisionnement, & avec l'attache des Municipalités des lieux d'où se fera le transport.

Il sera rendu compte tous les mois à l'Administration des finances, de la manutention & du produit de ce débit, pour lequel seront attribués aux Fermiers Généraux des remises proportionnées à leurs peines.

Jusqu'à l'épuisement de ce Sel, il sera enjoint aux Fermiers-Généraux d'assurer, sous l'inspection des

Directoires de Départemens & de Districts, l'approvisionnement des lieux que le Commerce négligeroit de fournir, & de prévenir les renchérissemens subits & trop considérables auxquels la variété des combinaisons du commerce pourroit donner lieu.

La portion de ce Sel qui appartient à la Nation, sera vendue la première, & le produit en sera versé de mois en mois dans le Trésor national, & appliqué aux dépenses de l'année courante. La valeur du surplus sera employée à rembourser d'autant les parties du gage de leurs bailleurs de fonds.

VII. Les Revendeurs autorisés par la Ferme générale à débiter du Sel, & qui n'auroient pu vendre la totalité de celui qu'ils ont levé aux Greniers de l'Etat, seront admis à l'y remettre, d'après les inventaires qui en seront faits, & la valeur leur en sera restituée, sans qu'en aucun cas ils puissent rapporter plus de Sel qu'il ne leur en a été délivré lors de leur dernière levée ; & pour jouir du bénéfice du présent article, lesdits revendeurs seront tenus de faire, dans les vingt-quatre heures de la publication des présentes, à la Municipalité du lieu de leur résidence, la déclaration de la quantité de Sel de la Ferme qu'ils pourroient avoir entre les mains ; ladite quantité sera vérifiée dans le même délai par la Municipalité, qui prendra échantillon de la qualité.

VIII. Les procès criminels comencés pour faits de Gabelle, seront annullés sans frais : permettons le retour des banis pour fait de Gabelles seulement ; ordonnons que les détenus en prison ou aux galères, qui n'y ont été envoyés que pour la même cause, seront mis en liberté, & toutes précautions nécessaires seront prises pour assurer leur retour à leur domicile, conformément à ce qui a été précédemment réglé au sujet des détenus pour fait de chasse.

DÉCRET du 22 Mars 1790,

Sanctionné par le Roi,

Concernant le payement, dans les trois mois d'Avril, Mai & Juin, des débets qui peuvent avoir lieu sur les droits d'Aides & autres y réunis; le payement exact des droits de Traites, Aides, & autres qui ne sont pas supprimés; le rétablissement des Barrières, & le rapprochement, dans le cours de la présente année 1790, des payemens à faire sur les impositions arriérées.

L'Assemblée Nationale, considérant que la suppression ou l'abonnement des droits de marque de Cuirs, marque de Fers, & sur la fabrication des Huiles, Savons & des Amidons; la suppression des dix sols pour livre sur les droits de Gabelles, & sur les droits qui se perçoivent au transport des Sels, dont elle n'a remplacé que le principal; la cessation des dépenses & des vexations auxquelles la perception de ces différens droits donnoit lieu; & enfin, la contribution des ci-devant Privilégiés, augmentent notablement, dans la présente année, les moyens de contribution que tous bons François desirent employer au falut de l'Etat ; & voulant concilier la fureté du fervice public avec le foulagement qu'elle a cru devoir accorder au Peuple, a décrété & décrète ce qui fuit :

ARTICLE PREMIER.

Les débets qui peuvent avoir lieu fur les droits d'Aides & autres y reunis, feront acquittés par tiers, de mois en mois, dans les trois mois d'Avril, Mai & Juin.

II. Les droits de Traites, Aides & autres qui n'ont été ni fupprimés ni abonnés par les Décrets de l'Affemblée Nationale, feront exactement acquittés en la forme prefcrite par les Ordonnances & Réglemens, jufqu'à ce qu'il en ait été autrement ordonné par l'Affemblée Nationale ; & les barrières néceffaires à leur perception feront inceffamment & efficacement rétablies.

III. Les Villes, Paroiffes & Communautés qui font arriérées dans le payement de leurs impofitions, feront tenues de fe rapprocher, dans le cours de la préfente année, d'une fomme équivalente aux deux tiers de ce qu'aura produit à chacune defdites Villes, Paroiffes & Communautés, la portion de la contribution des ci-devant Privilégiés, qui doit tourner au profit des anciens contribuables de ces Villes, Paroiffes & Communautés, pour les fix derniers mois de 1789 & pour l'année 1790.

IV. L'Affemblée Nationale difpenfe du rapprochement ordonné par l'article précédent, les Villes,

Paroiffes

Paroisses & Communautés qui ont fait ou qui feront don patriotique à la Nation de ladite contribution des ci-devant Privilégiés, pour les six derniers mois de 1789.

DÉCRET du 24 Mars 1790,

Sanctionné par le Roi;

Concernant les Droits Féodaux.

L'Assemblée Nationale, considérant qu'aux termes de l'article premier de ses Décrets des 4, 6, 7, 8 & 11 Août 1789, dont le Roi a ordonné la publication & l'envoi, le régime féodal est entiérement détruit; qu'à l'égard des droits & devoirs féodaux ou censuels, ceux qui dépendoient ou étoient représentatifs, soit de la main-morte personnelle ou réelle, soit de la servitude personnelle, sont abolis sans indemnité; qu'en même temps tous les autres droits sont maintenus jusqu'au rachat, par lequel il a été permis aux personnes qui en sont grevées de s'en affranchir, & qu'il a été réservé de développer par une loi particulière les effets de la destruction du régime féodal, ainsi que la distinction des droits abolis d'avec les droits rachetables, a décrété & le Roi a ordonné ce qui suit:

TITRE I.

Des effets généraux de la destruction du Régime féodal.

ARTICLE PREMIER.

Toutes distinctions honorifiques, supériorité &

puiſſances réſultantes du régime féodal, ſont abolies. Quant à ceux des droits utiles qui ſubſiſteront juſqu'au rachat, ils ſont entièrement aſſimilés aux ſimples rentes & charges foncières.

II. La foi-hommage & tout autre ſervice purement perſonnel, auquel les Vaſſaux, Cenſitaires & Tenanciers ont été aſſujettis juſqu'à préſent, ſont abolis.

III. Les Fiefs qui ne doivent que la bouche & les mains, ne ſont plus ſoumis à aucun aveu ni reconnoiſſance.

IV. Quant aux Fiefs qui ſont grevés de devoirs utiles, ou de profits rachetables, & aux cenſives, il en ſera fourni par les redevables de ſimples reconnoiſſances paſſées à leurs frais par-devant tels Notaires qu'ils voudront choiſir, avec déclaration expreſſe des confins & de la contenance; & ce, aux mêmes époques, en la même forme, & de la même manière que ſont reconnus dans les différentes Provinces & lieux du Royaume & les autres droits fonciers par les perſonnes qui en ſont chargées.

V. En conſéquence, les formes ci-devant uſitées de reconnoiſſance par aveux & dénombrement, déclarations à terriers, gages-pleiges, plaids & aſſiſes, ſont abolies; & il eſt défendu à tout Propriétaire de Fiefs, de continuer aucuns terriers, gages-pleiges ou plaids & aſſiſes commencées avant la publication des préſentes.

VI. En attendant qu'il ait été prononcé sur les droits de contrôle, il ne pourra être perçu pour le contrôle des reconnoissances mentionnées dans l'article IV, de plus forts droits que ceux auxquels étoient soumis les déclarations à terrier & autres actes abolis par l'article V.

VII. Toutes saisies féodales & censuelles, & droits de commise, sont abolis; mais les Propriétaires des droits féodaux & censuels non supprimés sans indemnité, pourront exercer les actions, contraintes, exécutions, priviléges & préférences qui, par le Droit Commun, les différentes Coutumes & Statuts des lieux, appartiennent à tous premiers bailleurs de fonds.

VIII. Tous les droits féodaux & censuels, ensemble toutes les rentes, redevances & autres droits qui sont rachetables par leur nature ou par l'effet des Décrets du 4 Août 1789 & jours suivans, dont le Roi a ordonné la publication & l'envoi, seront, jusqu'à leur rachat, & à compter de l'époque qui sera déterminée par l'article XXXIII du titre II du présent Décret, soumis, pour le principal, à la prescription que les différentes Loix & Coutumes du Royaume ont établie relativement aux immeubles réels, sans rien innover, quant à présent à la prescription des arrérages.

IX. Les Lettres de Ratification établies par l'Edit du mois de Juin 1771, continueront de n'avoir d'autre effet sur les droits féodaux & censuels, que d'en purger les arrérages, jusqu'à ce qu'il ait été pourvu par une nouvelle Loi à un régime uniforme & commun à toutes les rentes & charges foncières, pour la conservation des priviléges & hypothèques.

X. Le retrait féodal, le retrait censuel, le droit de prélation féodale ou censuelle, & le droit de retenue seigneuriale sont abolis.

XI. Tous priviléges, toute féodalité & nobilité de biens étant détruits, les droits d'aînesse & de masculinité à l'égard des fiefs, domaines & aleux nobles, & les partages inégaux à raison de la qualité des personnes, sont abolis.

En conséquence; ordonnons que toutes les successions, tant directes que collatérales, tant mobilières qu'immobilières, qui écheront, à compter du jour de la publication des présentes, seront, sans égard à l'ancienne qualité noble des biens & des personnes, partagées entre les héritiers, suivant les Loix, Statuts & Coutumes qui règlent les partages entre tous les Citoyens; abrogeons & détruisons toutes Loix & Coutumes à ce contraires.

Exceptons des présentes ceux qui sont actuellement mariés ou veufs avec enfans, lesquels, dans les partages à faire entre eux & leurs cohéritiers, de toutes les successions mobilières & immobilières, directes & collatérales, qui pourront leur écheoir, jouiront de tous les avantages que leur attribuent les anciennes Loix.

Déclare, en outre, que les puînés & les filles, dans

dans les Coutumes où ils ont eu jusqu'à présent sur les biens tenus en fiefs, plus d'avantages que sur les biens non-féodaux, continueront de prendre, dans les ci-devant fiefs, les parts à eux assignées par lesdites Coutumes, jusqu'à ce qu'il ait été déterminé un mode définitif & uniforme de succession pour tout le Royaume.

XII. La garde royale, la garde seigneuriale, & le déport de minorité sont abolis.

XIII. Sont pareillement abolis tous les effets que les Coutumes, Statuts & usages avoient fait résulter de la qualité féodale ou censuelle des biens, soit par rapport au douaire, soit pour la forme d'estimer les fonds, & généralement pour tout autre objet, quel qu'il soit; sans néanmoins comprendre dans la présente disposition, en ce qui concerne le douaire, les femmes actuellement mariées ou veuves, & sans rien innover, quant à présent, aux dispositions des Coutumes de nantissement, relativement à la manière d'hypothéquer & aliéner les héritages; lesquels continueront, ainsi que les Edits & Déclarations qui les ont expliquées, étendues ou modifiées, d'être exécutées suivant leur forme & teneur, jusqu'à ce qu'il en ait été autrement ordonné.

TITRE II.

Des Droits Seigneuriaux qui sont supprimés sans indemnité.

ARTICLE PREMIER.

La main-morte personnelle, réelle ou mixte, la

servitude d'origine, la servitude personnelle du possesseur des héritages tenus eu main-morte réelle, celle de corps & de poursuite, les droits de taille personnelle, de corvées personnelles, d'échutes, de vuide main, le droit prohibitif des aliénations & dispositions à titre de vente, de donation entre-vifs ou testamentaire, & tous les autres effets de la main-morte réelle, personnelle ou mixte, qui s'étendoient sur les personnes ou les biens, sont abolis sans indemnité.

II. Néanmoins tous les fonds ci-devant tenus en main-morte réelle ou mixte, continueront d'être assujettis aux autres charges, redevances, tailles ou corvées réelles, dont ils étoient précédemment grevés.

III. Lesdits héritages demeureront pareillement assujettis aux droits dont ils pouvoient être tenus, en cas de mutation par vente, pourvu néanmoins que lesdits droits ne fussent pas des compositions à la volonté du Propriétaire du fief dont il étoient mouvans, & n'excédassent point ceux qui ont accoutumé d'être dûs par les héritages non-main-mortables tenus en censive dans la même seigneurie, ou suivant la coutume.

IV. Tous les actes d'affranchissement par lesquels la main-morte réelle ou mixte aura été convertie sur les fonds ci-devant affectés de cette servitude, en redevances foncières & en droits de lods aux mutations, seront exécutés selon leur forme & teneur, à moins que lesdites charges & droits de mutation ne ſe trouvaſſent excéder les charges & droits uſités dans la même ſeigneurie, ou établis par la coutume ou l'uſage général de la Province, relativement aux fonds non-main-mortables tenus en cenſive.

V. Dans le cas où les droits & charges réelles mentionnés dans les deux articles précédens, ſe trouveroient excéder le taux qui y eſt indiqué, ils y seront réduits; & ſont entiérement ſupprimés les droits & charges qui ne ſont repréſentatifs que des ſervitudes purement perſonnelles.

VI. Seront néanmoins les actes d'affranchiſſement faits avant l'époque fixée par l'article XXXIII ci-après, moyennant une ſomme de deniers, ou pour l'abandon d'un corps d'héritage certain, ſoit par les Communautés, ſoit par les Particuliers, exécutés ſelon leur forme & teneur.

VII. Toutes les diſpoſitions ci-deſſus concernant la main-morte, auront également lieu en Bourbonnois & en Nivernois pour les tenures en bordelage, & en Bretagne pour les tenures en mote & en quevaiſe. A l'égard des tenures en domaines congéables, il y ſera ſtatué par une Loi particulière.

VIII. Les droits de meilleur cattel ou morte-main, de taille à volonté, de taille ou d'indire aux quatre cas, de cas impérieux & d'aides ſeigneuriales, ſont ſupprimés ſans indemnité.

IX. Tous les droits qui, ſous la dénomination de feu, cheminée, feu allumant, feu mort, fouage, monéage, bourgeoisie, congé, chiénage, gîte aux chiens, ou autre quelconque, sont perçus par les Seigneurs, sur les personnes, sur les bestiaux, ou à cause de la résidence, sans qu'il soit justifié qu'ils sont dûs, soit par les fonds invariablement, soit pour raison de concession d'usages, ou autres objets, sont abolis sans indemnité.

X. Sont pareillement abolis sans indemnité les droits de guet & de garde, ceux de chassi-polerie, ensemble les droits qui ont pour objet l'entretien des clôtures & fortification des Bourgs & des Châteaux, ainsi que les rentes ou redevances qui en sont représentatives, quoiqu'affectées sur des fonds, s'il n'est pas prouvé que ces fonds ont été concédés pour cause de ces rentes ou redevances.

Les droits de pulvérage, levés sur les troupeaux passant dans les chemins publics des seigneuries.

Les droits qui, sous la dénomination de *banvin*, *vet-du-vin*, *étanche*, ou autre quelconque, emportoient pour un Seigneur la faculté de vendre seul & exclusivement aux habitans de sa seigneurie, pendant un certain temps de l'année, ses vins, ou autres boissons & denrées quelconques.

XI. Les droits connus en Auvergne & autres Provinces, sous le nom de *Cens en commende*; en Flandres, en Artois & en Cambrésis, sous celui de *Gave*, *Gavenne* ou *Gaule*; en Hainaut, sous celui de *Pourfoin*; en Lorraine, sous celui de *Sauvement* ou *Sauvegarde*; en Alsace, sous celui d'*Avouerie*; &

& généralement tous les droits qui se payoient ci-devant en quelque lieu du Royaume, & sous quelque dénomination que ce fût, en reconnoissance & pour prix de la protection des Seigneurs, sont abolis sans indemnité; sans préjudice des droits qui, quoique perçus sous les mêmes dénominations, seroient justifiés pour avoir cause de concession de fonds.

XII. Les droits sur les achats, ventes, importations & exportations de biens-meubles, de denrées & de marchandises, tels que les droits de cinquantième centième denier ou autres du prix des meubles bestiaux vendus, les lods & ventes, treizièmes & autres droits sur les vaisseaux, sur les bois & arbres futaies, têtards & fruitiers, coupés ou vendus pour être coupés, sur les matériaux des bâtimens démolis ou vendus pour être démolis; les droits d'accise sur les commestibles, les droits de leyde ou dîme sur les poissons, les droits de bouteillage, d'*amgeld* ou autres sur les vins & autres boissons, les impôts & billots Seigneuriaux & autres de même nature, sont abolis sans indemnité.

XIII. Les droits de péage, de long & de travers, passage, hâlage, pontonage, barrage, chamage, grande & petite coutume, tonlieu & tous autres droits de ce genre, ou qui en seroient représentatifs, de quelque nature qu'ils soient, & sous quelque dénomination qu'ils puissent être perçus, par terre ou par eau, soit en nature soit en argent, sont supprimés sans indemnité. En conséquence, les possesseurs desdits, droits ſont déchargés des preſtations pécuniaires & autres obligations auxquelles ils pouvoient être aſſujettis pour raiſon de ces droits.

XIV. Il ſera pourvu par les Aſſemblées adminiſtratives à l'entretien des ouvrages dont quelques-uns deſdits droits ſont grevés.

XV. Sont exceptés, quant à préſent, de la ſuppreſſion prononcée par l'article XIII :

1°. Les octrois autoriſés qui ſe perçoivent ſous aucune des dénominations compriſes dans ledit article, ſoit au profit du tréſor public, ſoit au profit des Provinces, Villes, Communautés d'Habitans ou Hôpitaux ;

2°. Les droits de bacq & de voiture d'eau ;

3°. Ceux des droits énoncés dans ledit article, qui ont été concédés pour dédommagement de frais de conſtruction de ponts, canaux & autres travaux ou ouvrages d'art, conſtruits ſous cette condition.

4°. Les péages accordés à titre d'indemnité à des Propriétaires légitimes de moulins, uſines ou bâtimens & établiſſemens quelconques ſupprimés pour raiſon de l'utilité publique.

XVI. Tous les droits exceptés par l'article précédent, continueront proviſoirement d'être perçus ſuivant les titres & les tarifs de leur création primitive, reconnus & vérifiés par les Départemens des lieux où ils ſe perçoivent, juſqu'à ce que, ſur leur avis, il ait été ſtatué définitivement à cet égard. Et à cet effet, les poſſeſſeurs deſdits droits ſeront tenus, dans l'année, à compter de la publication du présent Décret, de représenter leurs titres auxdits Départemens, à défaut de quoi, les perceptions demeureront suspendues.

XVII. Les droits d'étalonnnage, minage, muyage, ménage, leude, leyde, punière, bichenage, levage, petite coutume, sextérage, coponage, copel, coupe, cartelage, stellage, sciage, palette, aunage, étale, étalage, quintalage, poids & mesures, & autres droits qui en tiennent lieu, & généralement tous droits, soit en nature, soit en argent, perçus sous le prétexte de poids, mesures, marque, fourniture ou inspection de mesures, ou mesurage de grains, grenailles, sel, & toutes autres denrées ou marchandises, ainsi que sur leurs étalages, ventes ou transports dans l'intérieur du Royaume, de quelque espèce qu'ils soient, ensemble tous les droits qui en seroient représentatifs, sont supprimés sans indemnité; sans préjudice néanmoins des droits qui, quoique perçus sous les mêmes dénominations, seroient justifiés avoir pour cause des concessions de fonds.

XVIII. Les étalons, matrices & poinçons qui servoient à l'étalonnage des poids & mesures, seront remis aux Municipalités des lieux, qui en paieront la valeur, & pourvoiront à l'avenir gratuitement à l'étalonage & vérification des poids & mesures.

XIX. Les droits connus sous le nom de coutume, hallage, havage, cohue, & généralement tous ceux qui étoient perçus en nature ou en argent, à raiſon de l'apport ou du dépôt des grains, viandes, beſtiaux, poiſſons & autres denrées & marchandiſes dans les foires, marchés, places ou halles, de quelque nature qu'ils ſoient, ainſi que les droits qui en ſeroient repréſentatifs, ſont auſſi ſupprimés ſans indemnité; mais les bâtimens & halles continueront d'appartenir à leurs propriétaires, ſauf à eux à s'arranger à l'amiable, ſoit pour le loyer, ſoit pour l'aliénation, avec les Municipalités des lieux; & les difficultés qui pourroient s'élever à ce ſujet, ſeront ſoumiſes à l'arbitrage des Aſſemblées adminiſtratives.

XX. N'entendons comprendre, quant à préſent, dans la ſuppreſſion prononcée par l'article précédent, les droits de la caiſſe des marchés de Sceaux & de Poiſſy.

XXI. En conſéquence des diſpoſitions des articles XVIII & XIX, le meſurage & poids des farines, grains, denrées & marchandiſes dans les maiſons particulières, ſera libre dans toute l'étendue du Royaume, à la charge de ne pouvoir ſe ſervir que de poids & meſures étalonnés & légaux; & quant au ſervice des places & marchés publics, il y ſera pourvu par les Municipalités des lieux, qui, ſous l'autoriſation des Aſſemblées adminiſtratives, fixeront la rétribution juſte & modérée des perſonnes employées au peſage & meſurage.

XXII. Tous droits qui, ſous prétexte de permiſſions données par les Seigneurs, pour exercer des profeſſions, arts ou commerces, ou pour des actes qui, par le droit naturel & commun, ſont libres à tout le monde, ſont ſupprimés ſans indemnité.

XXIII. Tous les droits de bannalité de fours, moulins, preſſoirs, boucheries, taureaux, vérats, forges & autres, enſemble les ſujétions qui y ſont acceſſoires, ainſi que les droits de verte moute & de vent, le droit prohibitif de la quête-mouture ou chaſſe des meuniers, ſoit qu'ils ſoient fondés par la Coutume ou ſur un titre, acquis par preſcription, ou confirmés par des jugemens, ſont abolis & ſupprimés ſans indemnité, ſous les ſeules exceptions ci-après.

XXIV. Sont exceptées de la ſuppreſſion ci-deſſus, & ſeront rachetables ;

1°. Les bannalités qui ſeront prouvées avoir été établies par une convention ſouſcrite entre une Communauté d'habitans & un particulier non Seigneur.

2°. Les bannalités qui ſeront prouvées avoir été établies par une convention ſouſcrite entre une Communauté d'habitans & ſon Seigneur, & par laquelle le Seigneur aura fait à la Communauté quelque avantage de plus que de s'obliger à tenir perpétuellement en état les moulins, fours & autres objets bannaux ;

3°. Celles qui ſeront prouvées avoir eu pour cauſe une conceſſion faite par le Seigneur à la Communauté des habitans, de droits d'uſages dans ſes bois ou prés, ou de communes en propriété.

XXV. Toute redevance ci-devant payée par les

habitans, à titre d'abandonnement des bannalités de la nature de celles ci-dessus supprimées sans indemnité, & qui n'étoient point dans le cas des exceptions portées par l'article précédent, est abolie & supprimée sans indemnité.

XXVI. Il est fait défenses aux ci-devant banniers, d'attenter à la propriété des moulins, pressoirs, fours, & autres objets de la bannalité desquels ils sont affranchis par l'article XXIII; mettons ladite propriété sous la sauve-garde de la Loi, & enjoignons aux Municipalités de tenir la main à ce qu'elle soit respectée.

XXVII. Toutes les corvées, à la seule exception des réelles, sont supprimées sans indemnité, & ne seront réputées corvées réelles, que celles qui seront prouvées être dues pour prix de la concession de la propriété d'un fonds ou d'un droit réel.

XXVIII. Toutes sujétions qui, par leur nature, ne peuvent apporter à celui auquel elles sont dues, aucune utilité réelle, sont abolies & supprimées sans indemnité.

XXIX. Lorsque les possesseurs des droits conservés par les articles IX, X, XI, XV, XVII, XXIV & XXVII ci dessus, ne seront pas en état de représenter de titre primitif; ils pourront y suppléer par deux reconnoissances conformes, énonciatives d'une plus ancienne, non contredite par des reconnoissances antérieures données par la Communauté des habitans, lorsqu'il s'agira de droits généraux, & par les individus intéressés, lorsqu'elles concerneront des droits particuliers, pourvu qu'elles soient soutenues d'une possession actuelle, qui remonte, sans interruption, à quarante ans, & qu'elles rappellent, soit les conventions, soit les concessions mentionnées dans lesdits articles.

XXX. Le droit de triage, établi par l'article IV du titre XXV de l'Ordonnance des Eaux & Forêts de 1669, est aboli pour l'avenir.

XXXI. Tous Edits, Déclarations, Arrêts du Conseil & Lettres-Patentes rendus depuis trente ans, tant à l'égard de la Flandre & de l'Artois, qu'à l'égard de toutes les autres Provinces du Royaume, qui ont autorisé le triage hors des cas permis par l'Ordonnance de 1669, demeureront à cet égard comme non-avenus & tous les jugemens rendus & actes faits en conséquence, sont révoqués.

Et pour rentrer en possession des portions de leurs biens communaux, dont elles ont été privées par l'effet desdits Edits, Déclarations, Arrêts & Lettres-Patentes, les Communautés seront tenues de se pourvoir, dans l'espace de cinq ans, par-devant les Tribunaux, sans pouvoir prétendre aucune restitution des fruits perçus, sauf à les faire entrer en compensation, dans le cas où il y auroit lieu à des indemnités pour cause d'impense.

XXXII. Le droit de tiers-denier est aboli dans les Provinces de Lorraine, du Barrois, du Clermontois, & autres où il pourroit avoir lieu, à l'égard des bois & autres biens qui ſont poſſédés en propriété par les Communautés; mais il continuera d'être perçu ſur le prix des ventes des bois & autres biens dont les Communautés ne ſont qu'uſagères.

Les Arrêts du Conſeil & Lettres-Patentes qui, depuis trente ans ont diſtrait au profit de certains Seigneurs deſdites Provinces, des portions des bois & autres biens dont les Communautés jouiſſent à titre de propriété ou d'uſage, ſont révoqués; & les Communautés pourront, dans le temps & par les voies indiquées par l'article précédent, rentrer dans la jouiſſance deſdites portions, ſans aucune répétition des fruits perçus, ſauf aux Seigneurs à percevoir le droit de tiers denier dans les cas ci-deſſus exprimés.

XXXIII. Toutes les diſpoſitions ci-deſſus, à l'exception de celles de l'article XI du titre premier, & des articles XIII, XVII & XIX du préſent titre, qui ne ſeront exécutés que du jour de la publication du préſent Décret, auront leur effet, à compter du jour de la publication des Lettres-Patentes du Roi du 3 Novembre 1789.

XXXIV. Tous procès intentés & non décidés par jugemens en dernier reſſort avant les époques reſpectives fixées par l'article précédent, relativement à des droits abolis ſans indemnité par le préſent Décret, ne pourront être jugés que pour les frais des procédures faites, & les arrérages échus antérieurement à ces époques.

XXXV. N'entendons, au ſurplus, préjudicier aux

aux actions intentées ou à intenter par les Communautés d'habitans, pour raison des biens communaux non compris dans les articles XXXI & XXXII du présent titre, lesquels seront décidés, même sur instance, en cassation d'Arrêt, conformément aux Loix antérieures aux présentes Lettres.

XXXVI. Il ne pourra être prétendu par les personnes qui ont ci-devant acquis de particuliers, par vente ou autre titre équipolent à vente, des droits abolis par le présent Décret, aucune indemnité ni restitution de prix; & à l'égard de ceux desdits droits qui ont été acquis du Domaine de l'Etat, il ne pourra être exigé par les Acquéreurs d'autre indemnité que la restitution, soit des Finances par eux avancées, soit des autres objets ou biens par eux cédés à l'Etat.

XXXVII. Il sera libre aux Fermiers qui ont ci-devant pris à bail aucun des mêmes droits, sans mélange d'autres biens ou de droits conservés jusqu'au rachat, de remettre leurs baux; & dans ce cas, ils ne pourront prétendre d'autre indemnité que la restitution des pots-de-vins & la décharge des loyers ou fermages, au prorata de la non-jouissance causée par la suppression desdits droits.

Quant à ceux qui ont pris à bail aucuns droits abolis, conjointement avec d'autres biens ou avec des droits rachetables, ils pourront seulement demander une réduction de leurs pots-de-vin & fermages, proportionnée à la quotité des objets frappés de suppression.

XXXVIII. Les Preneurs à rente d'aucuns droits

abolis, ne pourront pareillement demander qu'une réduction proportionnelle des redevances dont ils sont chargés, lorsque les baux contiendront outre les droits abolis, des bâtimens, immeubles ou autres droits dont la propriété est conservée, ou qui sont simplement rachetables; & dans le cas où les baux à rente ne comprendroient que des droits abolis, les preneurs seront seulement déchargés des rentes, sans pouvoir prétendre aucune indemnité ni restitution de deniers d'entrée.

XXXIX. Il est réservé de prononcer, s'il y a lieu;

1°. Sur ceux des droits féodaux maritimes, à l'égard desquels il n'a pas été statué par les articles précédens;

2°. Sur les droits de voirie, déshérence, bâtardise, épaves, amendes, afforage, taverne, tabellionage, & autres dépendans de celui de justice;

3°. Sur les indemnités dont la Nation pourroit être chargée envers les propriétaires de certains fiefs d'Alsace, d'après les traités qui ont réuni cette Province à la France.

TITRE III.

Des Droits Seigneuriaux rachetables.

ARTICLE PREMIER.

Seront simplement rachetables, & continueront d'être payés jusqu'au rachat effectué, tous les droits & devoirs féodaux ou censuels utiles, qui sont le prix & la condition d'une concession primitive de fonds.

II. Et sont présumés tels, sauf la preuve contraire :

1°. Toutes les redevances seigneuriales annuelles en argent, grains, volailles, cire, denrées ou fruits de la terre, servis sous la dénomination de cens, censives, surcens, capcasal, rentes féodales, seigneuriales & emphitéotiques, champart, tasque, terrage, arrage, agrier, complant, soëté, dîmes inféodées ou sous toute autre dénomination quelconque, qui ne se payent & ne sont dûs que par le propriétaire ou possesseur d'un fonds, tant qu'il est propriétaire ou possesseur, & à raison de la durée de sa possession;

2°. Tous les droits casuels qui, sous les noms de quint, requint, treizième, lods & treizains, lods & ventes, ventes & issues, mi-lods, rachats, venterolles, reliefs, relevoisons, plaids & autres dénominations quelconques, sont dus à cause des mutations survenues dans la propriété ou la possession d'un fonds, par le vendeur, l'acheteur, les donataires, les héritiers & tous autres ayant-cause du précédent propriétaire ou possesseur;

3°. Les droits d'*acapte*, d'*arrière-acapte*, & autres semblables, dûs, tant à la mutation des ci-devant Seigneurs, qu'à celle des propriétaires ou possesseurs.

III. Les contestations sur l'existence ou la quotité des droits énoncés dans l'article précédent, seront décidées, d'après les preuves autorisées par les Statuts Coutumes & règles observées jusqu'à présent, sans néanmoins que, hors des Coutumes qui en disposent autrement, l'enclave puisse servir de prétexte, pour assujettir un héritage à des prestations qui ne sont point énoncées dans les titres directement applicables à cet héritage, quoiqu'elles le soient dans les titres relatifs aux héritages dont il est environné & circonscrit.

IV. Lorsqu'il y aura, pour raison d'un même héritage, plusieurs titres ou reconnoissances, le moins onéreux au tenancier sera préféré, sans avoir égard au plus ou moins d'ancienneté de leurs dates; sauf l'action en blâme ou réformation de la part du ci-devant Seigneur, contre celles desdites reconnoissances qui n'en feront pas encore garanties par la prescription, lorsqu'il n'y aura été partie, ni en personne, ni par un fondé de procuration.

V. Aucune Municipalité, aucune Administration de District ou de Département, ne pourra, à peine de nullité, de prise à partie, & de dommages-intérêts, prohiber la perception d'aucun des droits seigneuriaux dont le paiement sera réclamé, sous prétexte qu'ils se trouveroient implicitement ou explicitement supprimés sans indemnité, sauf aux parties intéressées à se pourvoir par les voies de droit ordinaires, devant les Juges qui doivent en connoître.

VI. Les propriétaires de fiefs, dont les archives & les titres auroient été brûlés ou pillés à l'occasion des troubles survenus depuis le commencement de l'année 1789, pourront, en faisant preuves du fait, tant par titres que par témoins, dans les trois années de la publication du présent Décret, être admis à établir, soit par acte, soit par la preuve testimoniale d'une possession de trente ans antérieure à l'incendie ou pillage, la nature & la quotité de ceux des droits non supprimés sans indemnité, qui leur appartenoient.

VII. La preuve testimoniale dont il vient d'être parlé, ne pourra être acquise que par dix témoins, lorsqu'il s'agira d'un droit général, & par six témoins dans les autres cas.

VIII. Les propriétaires de fiefs qui auroient, depuis l'époque énoncée dans l'article IV, renoncé par contrainte ou violence à la totalité ou à une partie de leurs droits non supprimés par le présent décret, pourront, en se pourvoyant également dans les trois années, demander la nullité de leur renonciation, sans qu'il soit besoin de lettres de rescision; &, après ce terme, ils n'y seront plus reçus, même en prenant des lettres de rescision.

IX. Il sera incessamment pris une détermination relativement au mode & au prix du rachat des droits conservés, sans préjudice du paiement qui sera fait des rentes, redevances & droits échus & à écheoir jusqu'au jour du rachat.

DÉCRETS des 20 Février, 19 & 20 Mars 1790,

Sanctionnés par le Roi ;

Concernant les Religieux.

L'Assemblée Nationale a décrété ce qui suit :

ARTICLE PREMIER.

Les Religieux qui sortiront de leurs Maisons, demeureront incapables de successions, & ne pourront recevoir par donation entre-vifs & testamentaires, que des pensions ou rentes viagères.

II. Néanmoins, lorsqu'ils ne se trouveront en concours qu'avec le Fisc, ils hériteront dans ce cas préférablement à lui.

III. Ils pourront disposer par donations entre-vifs ou testamentaires, des biens meubles & immeubles acquis depuis la sortie du Cloître ; & à défaut de dispositions de leur part, lesdits biens passeront aux parens les plus proches.

IV. Les Religieux qui préféreront de se retirer dans les maisons qui leur seront indiquées, jouiront dans les Villes des bâtimens à leur usage, & jardins potagers en dépendans ; & dans les campagnes, ils jouiront encore des enclos y attenant, jusqu'à concurrence de six arpens, mesure de Paris, le tout à la charge des réparations locatives & des frais du Culte, excepté toutefois lorsque les Eglises seront Paroissiales. Il sera encore assigné auxdites Maisons un traitement annuel, à raison du nombre des Religieux qui y résideront ; ce traitement sera proportionné à l'âge des Religieux, & en tout conforme aux traitemens décrétés pour ceux qui sortiront de leurs maisons.

Il est réservé de fixer l'époque & de déterminer la manière d'acquitter lesdits traitemens ; & la quête demeurera alors interdite à tous les Religieux.

V. Les Officiers Municipaux se transporteront, dans la huitaine de la publication des présens Décrets, dans toutes les maisons des Religieux de leur territoire s'y feront représenter tous les registres & comptes de Régie, les arrêteront & formeront un résultat des revenus & des époques de leur échéance ; ils dresseront sur papier libre & sans frais, un état & description sommaire de l'argenterie, argent monnoyé, des effets de la Sacristie, bibliothèque, livres, manuscrits, médailles, & du mobilier le plus précieux de la maison, en présence de tous les Religieux, à la charge & garde desquels ils laisseront lesdits objets, & dont ils recevront les déclarations sur l'état actuel de leurs maisons, de leurs dettes mobiliaires & immobiliaires, & des titres qui les constatent.

Les Officiers Municipaux dresseront aussi un état des Religieux profès de chaque maison, & de ceux qui y sont affiliés, avec leur nom, leur âge & les places qu'ils occupent. Ils recevront la déclaration de ceux qui voudront s'expliquer sur leur intention de fortir des maiſons de leur Ordre, ou d'y reſter, & & ils vérifieront le nombre des ſujets que chaque maiſon pourroit contenir.

Dans le cas où une Maiſon Religieuſe ne dépendroit d'aucune Municipalité, & formeroit ſeule un territoire ſéparé, toutes les opérations ci-deſſus y feront faites par les Officiers Municipaux de la Ville la plus prochaine.

VI. Huitaine après, leſdits Officiers Municipaux enverront à l'Aſſemblée Nationale une expédition des procès-verbaux & des Etats mentionnés en l'article précédent ; il ſera réglé enſuite l'époque & les Caiſſes où commenceront à être acquittés les traitemens fixés, tant pour les Religieux qui ſortiront, que pour les maiſons dans leſquelles ſeront tenus de ſe retirer ceux qui ne voudront pas ſortir. En attendant, tant qu'ils reſteront dans leurs maiſons, ils y vivront comme par le paſſé, & ſeront les Officiers deſdites maiſons, tenus de donner aux différentes natures de biens qu'ils exploiteront, les ſoins néceſſaires pour leur conſervation, & pour préparer la prochaine récolte ; & en cas de négligence de leur part, les Municipalités y pourvoiront, aux frais deſdites maiſons.

DÉCRET du 11 Avril 1790.

Sanctionné par le Roi.

Portant qu'en cas de vacance de Bénéfice-Cure dans les Egliſes Paroiſſiales où il y en a pluſieurs, il ſera ſurſis à toute nomination.

L'Aſſemblée Nationale a décrété ce qui ſuit :

Dans

Dans toutes les Eglises Paroissiales où il y a deux ou plusieurs titres de Bénéfices-Cures, il sera, par provisions, en cas de vacance par mort, démission ou autrement d'un des Titres, sursis à toute nomination, collation & provision.

DÉCRETS des 14 & 20 Avril 1790,

Sanctionnés par le Roi.

Concernant l'Administration des Biens déclarés à la disposition de la Nation, l'abolition des Dîmes, & la continuation de leur perception pendant l'année 1790, & la manière dont il sera pourvu aux frais du culte, à l'entretien des Ministres des Autels, au soulagement des Pauvres, & aux pensions des Ecclésiastiques:

L'Assemblée Nationale a décrété, & le Roi a ordonné ce qui suit :

ARTICLE PREMIER.

L'Administration des biens déclarés, par le Décret du 2 Novembre dernier, être à la disposition de la Nation, sera & demeurera, dès la présente année, confiée aux Administrations de Départemens & de Districts, ou à leurs Directoires, sous les règles, les exceptions & les modifications qui seront expliquées.

II. Dorénavant & à compter du premier de la présente année, le traitement des Ecclésiastiques sera payé en argent aux termes & sur le pied qu'ils seront incessamment fixés, néanmoins les Curés des campagnes continueront d'adminiſtrer proviſoirement les fonds territoriaux attachés à leurs Bénéfices, à la charge d'en compenſer les fruits avec leurs traitemens, & de faire raiſon du ſurplus, s'il y a lieu.

III. Les Dîmes de toute eſpèce, abolies par l'article cinq du Décret du 4 Août dernier & jours ſuivans, enſemble les droits & redevances qui en tiennent lieu, mentionnés audit Décret, comme auſſi les Dîmes inféodées appartenant aux Laïcs, à raiſon deſquelles il ſera accordé une indemnité aux propriétaires ſur le Tréſor public, ceſſeront toutes d'être perçues, à compter du premier Janvier 1791 : & cependant les redevables ſeront tenus de les payer à qui de droit, exactement la préſente année, comme par le paſſé, à défaut de quoi ils y ſeront contraints.

IV. La dîme ſur les fruits décimables crûs pendant l'année 1790, ſera néanmoins perçue, même après le premier Janvier 1791.

V. Dans l'état des dépenſes publiques de chaque année, il ſera porté une ſomme ſuffiſante pour fournir aux frais du culte de la Religion Catholique, Apoſtolique & Romaine, à l'entretien des Miniſtres des Autels, au ſoulagement des Pauvres, & aux penſions des Eccléſiaſtiques, tant ſéculiers que réguliers, de manière que les biens mentionnés au premier article, puiſſent être dégagés de toutes charges, & employés par le Corps légiſlatif aux plus preſſans beſoins de l'Etat.

La somme nécessaire au service de l'année 1791 sera incessamment déterminée.

VI. Il n'y aura aucune distinction entre cet objet de service public & les autres dépenses nationales. Les contributions publiques seront proportionnées de manière à y pourvoir, & la répartition en sera faite sur la généralité des Contribuables du Royaume, ainsi qu'il sera incessamment décrété par l'Assemblée.

VII. Il sera incessamment procédé par les Assemblées administratives, à la liquidation des dîmes inféodées, & de manière à ce que l'indemnité des propriétaires soit assurée avant l'époque à laquelle leurs dîmes cesseront d'être perçues.

VIII. Sont & demeurent exceptés, quant à présent, des dispositions de l'article premier du présent Décret, l'Ordre de Malte, les Fabriques, les Hôpitaux, les Maisons de Charité & autres où sont reçus les malades, les Colléges & Maisons d'instruction, étude & retraite administrés par des Ecclésiastiques ou par des Corps séculiers, ainsi que les Maisons de Religieuses occupées à l'éducation publique & au soulagement des malades; lesquels continueront, comme par le passé, & jusqu'à ce qu'il en ait été autrement ordonné par le Corps législatif, d'administrer les biens, & de percevoir, durant la présente année seulement, les dîmes dont ils jouissent, sauf à pourvoir, s'il y a lieu, pour les années suivantes, à l'indemnité que pourroit prétendre l'Ordre de Malte, & à subvenir aux besoins que les autres établiſſemens éprouveroient par la privation des dîmes.

IX. Tous les Eccléſiaſtiques, Corps, Maiſons ou Communautés de l'un ou de l'autre ſexe, autres que ceux exceptés par les articles précédens, continueront de régir & exploiter durant la préſente année, les biens & dîmes qui ne ſont pas donnés à fermes, à la charge d'en verſer les produits entre les mains du Receveur de leur Diſtrict.

Ils ſeront néanmoins autoriſés à retenir le traitement qui leur aura été accordé.

A l'égard des objets à bail ou ferme, les Fermiers & Locataires ſeront également tenus de verſer les loyers ou fermages dûs pour les fruits & revenus de la préſente année, dans la caiſſe du Diſtrict.

Les comptes deſdits Eccléſiaſtiques, Corps, Maiſons & Communautés, & ceux de leurs Locataires & Fermiers, ſeront communiqués préalablement à la Municipalité du lieu, pour être enſuite vérifiés & apurés par les Aſſemblées adminiſtratives, ou par leurs Directoires.

X. Ils ſeront tenus pareillement, eux, leurs Fermiers, Régiſſeurs ou prépoſés, ainſi que tous ceux qui doivent des portions congrues, de les acquitter dans la préſente année, comme par le paſſé, & d'acquitter toutes les autres charges légitimes, même le terme de la contributton patriotique, échu le premier de ce mois; à défaut de quoi ils y ſeront contraints.

Il

Il leur sera tenu compte de ce qu'ils auront légitimement payé, ainsi qu'il appartiendra.

XI Les baux à ferme des dîmes, tant Ecclésiastiques qu'inféodées, sans mélange d'autres biens ou droits, seront & demeureront résiliés, à l'expiration de la présente année, sans d'autre indemnité que la restitution des Pots-de-vin, celle des Fermages légitimement payés d'avance, & la décharge de ceux non-payés, le tout au prorata de la non-jouissance.

Quant aux Fermiers qui ont pris à bail des dîmes conjointement avec d'autres biens ou droits, sans distinction de prix, ils pourront seulement demander réduction de leurs pots-de-vin, loyers & fermages, en propotion de la valeur des dîmes dont ils cesseront de jouir, suivant l'estimation qui en sera faite par les Assemblées administratives ou leurs Directoires, sur les observations des Municipalités.

XII. Aussi-tôt après la publication des présentes, les Assemblées de Districts ou leurs Directoires feront faire, sans aucuns frais, même de contrôle, un inventaire du mobilier, des titres & papiers dépendans de tous les Bénéfices, Corps, Maisons & Communautés de l'un & de l'autre sexe, compris au premier article, qui n'auront pas été inventoriés par les Municipalités, en vertu du Décret du 20 Mars dernier, sauf auxdites Assemblées à commettre les Municipalités pour les aider dans ce travail; & les uns & les autres se feront également remettre les inventaires faits dans chaque Bénéfice ou Maison, après la mort du dernier Titulaire ou Religieux.

DÉCRETS dés 16 & 17 Avril 1790,

Sanctionnés par le Roi.

Concernant les Dettes du Clergé, les Assignats & les revenus des Domaines Nationaux.

L'Assemblée Nationale a décrété, & le Roi a ordonné ce qui suit :

ARTICLE PREMIER.

A compter de la présente année, les dettes du Clergé sont réputées Nationales : le Trésor public sera chargé d'en acquitter les intérêts & les capitaux. La Nation déclare qu'elle regarde comme créanciers de l'Etat tous ceux qui justifieront avoir légalement contracté avec le Clergé, & qui seront porteurs de contrats de rentes assignées sur lui. Elle leur affecte & hypothèque, en conséquence, toutes les propriétés & revenus dont elle peut disposer, ainsi qu'elle fait pour toutes ses autres dettes.

II. Les biens ecclésiastiques qui seront vendus & aliénés en vertu des Décrets des 19 Décembre 1789 & 17 Mars dernier, sont affranchis & libérés de toute hypothèque de la dette légale du Clergé, dont ils étoient ci-devant grevés, & aucune opposition à la vente de ces biens ne pourra être admise de la part desdits créanciers.

III. Les Assignats créés par les Décrets des 19 & 21 Décembre 1789, sanctionnés par le Roi, auront cours de monnoie entre toutes personnes, dans toute l'étendue du Royaume, & feront reçus comme espèces sonnantes dans toutes les Caisses publiques & particulières.

IV. Au-lieu de cinq pour cent d'intérêt par chaque année, qui leur étoient attribués, il ne leur sera plus alloué que trois pour cent, à compter du 15 Avril de la présente année, & les remboursemens, au-lieu d'être différés jusqu'aux époques mentionnés dans lesdits Décrets, auront lieu successivement, par la voie du sort, aussi-tôt qu'il y aura une somme d'un million réalisée en argent, sur les obligations données par les Municipalités pour les biens qu'elles auront acquis, & en proportion des rentrées de la Contribution patriotique des années 1791 & 1792. Si les paiemens avoient été faits en Assignats, ces Assignats seroient brûlés publiquement, ainsi qu'il sera dit ci-après, & l'on tiendra seulement registre de leurs numéros.

V. Les Assignats feront depuis mille livres jusqu'à deux cents livres. L'intérêt se comptera par jour; l'Assignat de mille livres vaudra un sol huit deniers par jour; celui de trois cents livres, six deniers; celui de deux cents livres, quatre deniers.

VI. L'Assignat vaudra chaque jour son principal, plus l'intérêt acquis, & on le prendra pour cette somme. Le dernier porteur recevra au bout de l'année le montant de l'intérêt, qui sera payable à jour fixé par la Caisse de l'Extraordinaire, tant à Paris que dans les différentes Villes du Royaume.

VII. Pour éviter toutes discussions dans les paiemens, le débiteur sera toujours obligé de faire l'appoint, & par conséquent de se procurer le numéraire d'argent nécessaire pour solder exactement la somme dont il sera redevable.

VIII. Les Assignats seront numérotés, il sera fait mention en marge de l'intérêt journalier, & leur forme sera réglée de la manière la plus commode & la plus sûre pour la circulation, ainsi qu'il sera ordonné.

IX. En attendant que la vente des domaines nationaux qui seront désignés soit effectuée, leurs revenus seront versés, sans délai, dans la Caisse de l'Extraordinaire, pour être employés, déduction faite des charges, au paiement des intérêts des Assignats; les obligations des Municipalités pour les objets acquis y seront déposées également; & à mesure des rentrées de deniers, par les ventes que feront lesdites Municipalités de ces biens, ces deniers y seront versés sans retard & sans exception; leur produit & celui des emprunts qu'elles devront faire, d'après les engagemens qu'elles auront pris avec l'Assemblée Nationale, ne pouvant être employé, sous aucun prétexte, qu'à l'acquittement des intérêts des Assignats & à leur remboursement.

X. Les Assignats emporteront avec eux hypothèque,

privilége & délégation spéciale, tant sur le revenu que sur le prix desdits biens ; de sorte que l'Acquéreur qui achetera des Municipalités, aura le droit d'exiger qu'il lui soit légalement prouvé que son paiement sert à diminuer les obligations municipales, & à éteindre une somme égale d'Assignats : à cet effet, les paiemens seront versés à la Caisse de l'Extraordinaire, qui en donnera son reçu à valoir sur l'obligation de telle ou telle Municipalité.

XI. Les quatre cents millions d'Assignats seront employés, premièrement à l'échange des billets de la Caisse d'Escompte, jusqu'à concurrence des sommes qui lui sont dues par la Nation, pour le montant des billets qu'elle a remis au Trésor public, en vertu des Décrets de l'Assemblée Nationale.

Le surplus sera versé successivement au Trésor public, tant pour éteindre les anticipations à leur échéance, que pour rapprocher d'un sémestre les intérêts arriérés de la dette publique.

XII. Tous les porteurs de billets de la Caisse d'Escompte feront échanger ces billets contre des Assignats de même somme, à la Caisse de l'Etraordinaire, avant le 15 Juin prochain ; & à quelqu époque qu'ils se présentent dans cette intervalle, l'Assignat qu'ils recevront portera toujours intérêt à leur profit, à compter du 15 Avril : mais, s'ils se présentoient après l'époque du 15 Juin, il leur sera fait décompte de leur intérêt, à partir du 15 Avril, jusqu'au jour où ils se présenteront.

XIII. L'intérêt attribué à la Caisse d'Escompte sur la totalité des Assignats qui doivent lui être délivrés, cessera, à compter de ladite époque du 15 Avril, & l'Etat se libérera avec elle, par la simple restitution successive qui lui sera faite de ses billets, jusqu'à concurrence de la somme fournie en ces billets.

XIV. Les Assignats à cinq pour cent que la Caisse d'Escompte justifiera avoir négociés avant la date du présent Décret, n'auront pas cours de monnoie; mais seront acquittés exactement aux échéances, à moins que les porteurs ne préfèrent de les échanger contre des Assignats-monnoie. Quant à ceux qui se trouveront entre les mains des Administrateurs de la Caisse d'Escompte, ils seront remis à la Caisse de l'Extraordinaire, pour être brûlés en présence des Commissaires qui seront nommés par l'Assemblée Nationale, & qui en dresseront procès-verbal.

XV. Le renouvellement des anticipations sur les revenus ordinaires, cessera entièrement, à compter de la date du présent Décret, & des Assignats ou des promesses d'Assignats seront données en paiement aux porteurs desdites anticipations à leur échéance.

XVI. En attendant la fabrication des Assignats, le Receveur de l'Extraordinaire est autorisé, jusqu'à la délivrance des Assignats, à endosser, sous la surveillance des deux Commissaires de l'Assemblée, les billets de la Caisse d'Escompte destinés à être envoyés dans les Provinces seulement, en y inscrivant les mots *promesse de fournir Assignat* ; & ladite promesse aura cours comme Assignat, à la charge d'être endossée de nouveau par ceux qui les transmettront dans les Provinces, & qui les y feront circuler.

Toutes lesdites promesses seront retirées aussi-tôt après la publication des Assignats.

XVII. Il sera présenté incessamment à l'Assemblée Nationale par le Comité des Finances, un plan de régime & d'administration de la Caisse de l'Extraordinaire, pour accélérer l'exécution du présent Décret.

DÉCRET du 9 Avril 1790,

Sanctionné par le Roi ;

Relatif aux mesures à remplir par les Municipalités qui voudront acquérir des biens domaniaux ou ecclésiastiques, & notamment par la Municipalité de Paris.

L'Assemblée Nationale, considérant qu'il est important d'assurer le paiement à époques fixes, des obligations municipales, qui doivent être un des gages des Assignats :

Décrète que toutes les Municipalités qui voudront, en vertu des précédens Décrets, acquérir des biens domaniaux & ecclésiastiques, devront, préalablement au traité de vente, soumettre au Comité chargé par l'Assemblée de l'aliénation de ces

Biens, les moyens qu'elles auront pour garantir l'acquittement de leurs obligations, aux termes qui seront convenus.

En conséquence, que la Commune de Paris sera tenue de fournir une soumission de Capitalistes solvables & accrédités, qui s'engageront à faire les fonds dont elle auroit besoin pour acquitter ses premières obligations, jusqu'à concurrence de soixante-dix millions.

Et qu'elle est autorisée à traiter des conditions de cette soumission, à la charge d'obtenir l'approbation de l'Assemblée Nationale.

DÉCRET du 23 Mars 1790,

Sanctionné par le Roi,

Relatif à la Caisse d'Escompte.

L'Assemblée Nationale, après avoir entendu le rapport du Comité des Finances, a décrété & décrète que les douze Commissaires nommés par son Décret du 17 de ce mois, pour aviser au choix & à l'estimation des Biens domaniaux & ecclésiastiques, qui seront vendus & aliénés à la Municipalité de Paris & aux autres Municipalités du Royaume, sont autorisés à choisir quatre d'entr'eux, pour prendre connoissance successivement de la situation & des opérations habituelles de la Caisse d'Escompte, & pour mettre la Commission en état de concilier l'intérêt des Créanciers de la Caisse d'Escompte, porteurs de ses Billets, avec les mesures qui pourroient être

être prises avec lesdites Municipalités, relativement aux Biens domaniaux & eccléfiaftiques qui leur feront aliénés.

DÉCRET du 17 Avril 1790,

Sanctionné par le Roi;

Relatif à la Caiffe d'Efcompte.

L'Affemblée Nationale ayant, par le Décret de ce jour, ordonné que les Billets de la Caiffe d'Efcompte feront remplacés par des Affignats portant intérêt à trois pour cent, à partir du 15 de ce mois, & que lefdits Billets de la Caiffe d'Efcompte pourroient tenir lieu de ces Affignats jufqu'à leur fabrication, a décrété & décrète, 1°. qu'aucune émiffion nouvelle de Billets de la Caiffe d'Efcompte ne pourra être faite, d'ici à nouvel ordre, fans un Décret de l'Affemblée Nationale, & autrement qu'en préfence de fes Commiffaires; 2°. qu'en préfence defdits Commiffaires, il fera remis, dans le jour, au Tréfor public, par les Adminiftrateurs de la Caiffe d'Efcompte, vingt millions en Billets, qui feront employés aux dépenfes publiques, & tiendront lieu des Affignats décrétés par le Décret de ce jour.

DÉCRETS des 20, 23 Mars, & 19 Avril 1790,

Sanctionnés par le Roi,

Concernant diverſes diſpoſitions relatives aux Adminiſtrations de Département & de Diſtrict, & à l'exercice de la Police.

L'Aſſemblée Nationale a décrété ce qui ſuit :

ARTICLE PREMIER.

Les Membres abſens de l'Aſſemblée Nationale ne pourront, durant la ſeſſion actuelle, même en donnant leur démiſſion, être élus Membres de l'Adminiſtration du Département dans l'étendue duquel ils ſe trouveront à l'époque des Elections ni des Diſtricts qui en dépendent.

II. Les Adminiſtrateurs comptables, Tréſoriers ou Receveurs des anciens pays d'Etats, qui n'ont pas encore rendu compte de la geſtion des affaires de chaque Province, ou du maniement des deniers publics, ne pourront, avant l'arrêté de leurs comptes, être élus Membres des Adminiſtrations de Département ou de Diſtrict.

Il en ſera de même des Tréſoriers ou Comptables des pays d'élection, ou autres parties du Royaume, leſquels ne ſeront admiſſibles aux adminiſtrations du Département ou du Diſtrict, qu'après l'arrêté de leurs comptes.

III. Lorſque le Maire & les Officiers Municipaux

ſeront en fonctions, ils porteront pour marque diſtinctive, par deſſus leurs habits, une écharpe aux trois couleurs de la Nation, bleu, rouge & blanc, attachée d'un nœud, & ornée d'une frange couleur d'or pour le Maire, blanc pour les Officiers Municipaux, & violet pour le Procureur de la Commune.

IV. Les rangs ſeront ainſi réglés.

Le Maire, puis les Officiers Municipaux, ſelon l'ordre des tours de ſcrutin où ils auront été nommés, & dans le même tour, ſelon le nombre des ſuffrages qu'ils auront obtenus : enfin, le Procureur de la Commune & ſes Subſtituts, que ſuivront les Greffiers & Treſoriers. Quant aux Notables, ils n'ont de rang que dans les ſéances du Conſeil général; ils y ſiégeront à la ſuite du Corps Municipal, ſelon le nombre des ſuffrages donnés à chacun d'eux. En cas d'égalité, le pas appartient au plus âgé.

V. cet ordre ſera obſervé, même dans les cérémonies Religieuſes, immédiatement à la ſuite du Clergé. Cependant, la préſéance attribuée aux Officiers Municipaux ſur les autres Corps, ne leur confère aucun des anciens droits honorifiques dans les Egliſes.

VI. La condition du domicile de fait, exigée pour l'exercice des droits de Citoyens actifs dans une Aſſemblée de Commune, ou dans une Aſſemblée primaire, n'emporte que l'obligation d'avoir dans le lieu ou dans le canton une habitation depuis un an, & de déclarer qu'on n'exerce les mêmes droits dans aucun autre endroit.

VII. Ne feront réputés domeftiques ou ferviteurs à gages, les Intendans ou Régiffeurs, les ci-devant Feudiftes, les Secrétaires, les Charretiers ou Maîtres-Valets de labour, employés par les Propriétaires, Fermiers ou Métayers, s'ils réuniffent d'ailleurs les autres conditious exigées.

VIII. Les Limites conteftées entre les Communautés, feront réglées par les Adminiftrations de Diftrict; & à l'égard des héritages qui, par fuite de ces prétentions refpectives, auroient été impofés fur plufieurs rôles, les Adminiftrations de Diftrict ordonneront & feront faire la radiation des taxes fur le rôle des Communautés dans le territoire defquelles ces héritages ne font pas fitués, ainfi que la réimpofition au profit des Propriétaires ou Fermiers qui auroient payé ces taxes, quand leur oppofition n'auroit pas été formée dans le délai fixé par les anciens Réglemens.

IX. La Police adminiftrative & contentieufe fera par provifion, & jufqu'à l'organifation de l'ordre judiciaire exercée par les Corps Municipaux, à la charge de fe conformer en tout aux Réglemens actuels, tant qu'ils ne feront ni abrogés ni changés.

X. L'appel des jugemens de Police, rendus par les Corps Municipaux, aura lieu provifoirement, & jufqu'à l'organiſation de l'ordre judiciaire, dans le cas où il eſt autoriſé par les Réglemens actuels, & proviſoirement auſſi cet appel ſera porté par-devant les Baillages & Sénéchauſſées Royaux, ou autres Siéges qui en tiennent lieu dans quelques Provinces, pour y être jugé en dernier reſſort, par trois Juges au moins.

DÉCRET du 23 Mars 1790,

Sanctionné par le Roi.

Portant établiſſement d'une Adminiſtration proviſoire dans la Province de Languedoc, afin d'y aſſurer la perception & le recouvrement des impoſitions.

L'Aſſemblée Nationale conſidérant que les Etats & les Adminiſtrations ſecondaires de la Province de Languedoc ſont ſupprimés, qu'il n'y a point de Commiſſion intermédiaire dans cette Province, & qu'enfin cette Adminiſtration proviſoire eſt néceſſaire pour aſſurer l'exécution des Décrets des 12 Décembre 1789 & 30 Janvier dernier, ſanctionnés par le Roi, qui preſcrivent la forme de la perception du recouvrement des impoſitions de la préſente année dans les pays d'Etats, a décrété, & le Roi a ordonné ce qui ſuit :

ARTICLE PREMIER.

Il ſera établi dans la Province de Languedoc une Commiſſion proviſoire, compoſée de huit perſonnes domiciliées dans la Province, nommées par le Roi qui en choisira une dans chacun des Départemens dont les Chefs-lieux sont dans ladite Province.

II. Il sera formé dans chaque Ville où sont les archives des Diocèses, une Commission secondaire & provisoire, composée du Maire, de deux Officiers Municipaux & de deux Notables, qui seront nommés par le Conseil général de la même Ville.

III. Les Commissions établies par les articles précédens, procéderont, en la forme accoutumée, & sans déplacer, à la répartition des Impositions de la présente année, dans lesquelles Impositions ne seront point compris les traitemens, pensions de retraite, gratifications & autres émolumens accordés par les anciens Etats & par les Administrations des Diocèses.

IV. Lesdites Commissions pourvoiront à l'entretien des ouvrages publics, & à la continuation de ceux qui ne doivent pas être suspendus; elles pourvoiront aussi au paiement des rentes, capitaux exigibles, sans néanmoins qu'elles puissent recevoir les ouvrages ordonnés par les anciens Etats, ou par les Administrations des Diocèses, ni procéder à la vérification ou clôture des comptes des Trésoriers, Receveurs, Administrateurs ou autres Comptables.

V. Le Bail à ferme de l'équivalent, & le Réglement relatif à cet impôt, seront exécutés selon leur forme & teneur.

VI. Les Syndics, Trésoriers, Greffiers, Gardes des archives, Receveurs & autres Officiers, Agens

& Préposés, tant des anciens Etats de la Province, que des Administrations des Diocèses, seront tenus de reconnoître les Commissions établies par l'article premier du présent Décret, & de leur communiquer tous les titres, registres, comptes & autres documens qui sont ou qui doivent être en leur pouvoir.

VII. Ladite Commission établie par l'article premier du présent Décret, prendra ses séances le premier Mai prochain, dans l Hôtel-de-Ville de Montpellier; mais dans le cas seulement où, à la même époque, le Commissariat établi dans les Pays d'Etat par l'article dernier du Décret du mois de Janvier dernier, concernant les Assemblées administratives, ne seroit pas en activité, lequel Commissariat sera subrogé à ladite Commission.

DÉCRET du 19 Avril 1790,

Sanctionné par le Roi;

Portant que les Assembleés qui vont avoir lieu pour la formation des Corps administratifs ne doivent pas dans ce moment s'occuper de l'élection de nouveaux Députés à l'Assemblée Nationale.

L'assemblée Nationale a déclaré que les Assemblées qui vont avoir lieu pour la formation des Corps administratifs dans les Départemens & dans les Districts, ne doivent pas, dans ce moment, s'occuper de l'élection des nouveaux Députés à l'Assemblée Nationale; que cette élection ne peut avoir lieu qu'au moment où la Constitution sera près d'être achevée, & qu'à cette époque, qu'il est impossible de déterminer précisément, mais qui est très-rapprochée, l'Assemblée Nationale suppliera Sa Majesté de faire proclamer le jour où les Assemblées électorales se formeront pour élire la première Législature.

Déclare aussi, qu'attendu que les Commettans de quelques Députés n'ont pu leur donner le pouvoir de ne travailler qu'à une partie de la Constitution; qu'attendu le serment fait le 20 Juin par les Représentans de la Nation, & approuvé par elle, de ne se séparer qu'au moment où la Constitution seroit achevée, elle regarde comme toujours subsistans, jusqu'à la fin de la Constitution, les pouvoirs de ceux dont les mandats porteroient limitation quelconque, & considère la clause limitative comme ne pouvant avoir aucun effet.

Ordonne que son Président se retirera dans le jour par-devers le Roi, pour porter le présent Décret à son acceptation, & pour supplier Sa Majesté de donner les ordres nécessaires pour qu'il soit le plus promptement possible envoyé aux Commissaires qu'elle a nommés pour l'établissement des Départemens, afin qu'ils en donnent connoissance aux Assemblées électorales.

DÉCRET

DECRET du 16 Avril 1790,

Sanctionné par le Roi ;

Concernant les Juifs.

L'Aſſemblée Nationale met de nouveau les Juifs de l'Alſace & des autres Provinces du Royaume, ſous la ſauve-garde de la Loi : défend à toutes perſonnes d'attenter à leur ſûreté, ordonne aux Municipalités & aux Gardes Nationales de protéger de tout leur pouvoir leurs perſonnes & leurs propriétés.

DÉCRET du 23 Août 1789,

Sanctionné par le Roi.

Qui déclare qu'aucun Citoyen ne peut être inquiété à raiſon de ſes opinions.

L'Aſſemblée Nationale a décrété ce qui ſuit :

Aucun Citoyen ne peut être inquiété à raiſon des opinions ou projets par lui préſentés, des abus par lui dénoncés, ſoit dans les Aſſemblées élémentaires, ſoit dans le ſein de l'Aſſemblée Nationale. En conſéquence, déclare la procédure inſtruite par le Parlement de Rouen contre le Procureur du Roi au Bailliage de Falaiſe, nulle & attentatoire à la Liberté Nationale; & ſur le ſurplus des demandes dudit Procureur, le renvoy à ſe pourvoir ainſi & pardevant qui il appartiendra.

DÉCRET du 10 Avril 1790,

Sanctionné par le Roi.

Portant que les précédens Décrets qui règlent les conditions néceſſaires pour être Citoyen Actif, ſeront exécutés, ſans avoir égard aux diſpenſes d'âge.

L'Aſſemblée Nationale a décrété, & le Roi a ordonné ce qui ſuit :

Les précédens Décrets acceptés par le Roi, & qui règlent les conditions néceſſaires pour être Citoyen Actif, ſeront exécutés en toutes circonſtances, ſans aucunes exceptions quelconques, & notamment ſans égard aux diſpenſes d âge qui ont pu être ci-devant obtenues.

DÉCRET du 22 Mars 1790,

Sanctionné par le Roi,

Relatif au Service de l'année 1790.

L'Aſſemblée Nationale voulant aſſurer dans tous les cas le Service public de l'année 1790, a décrété le 22 Mars dernier, & le Roi a ordonné que ſi, par de nouvelles économies, ou la bonne adminiſtration des moyens de finance adoptés, il ſe trouvoit de l'excédent, cet excédent ſera verſé dans la Caiſſe de l'Extraordinaire, & employé au rembourſement des dettes les plus onéreuſes ; & que ſi, par quelque obſtacle ou quelqu'événement inattendu, il ſe trouvoit encore du déficit, il y ſera pourvu par la Caiſſe de l'Extraordinaire.

DECRETS des 22 Janvier & 25 Mars 1790, Sanctionnés par le Roi.

Portant que les dépenses ordinaires de l'année courante seront acquittées mois par mois, & qu'il sera sursis au paiement des créances arriérées.

L'Assemblée Nationale, considérant qu'il importe essentiellement à l'ordre & à l'économie dans les Finances, de liquider la dette de chaque Département; qu'on ne peut y parvenir, si on ne sépare pas la dépense courante de la dépense arriérée a décrété ce qui suit :

ARTICLE PREMIER.

A compter du premier Janvier 1790, le Trésor public acquittera exactement, mois par mois, sans aucun retard, les dépenses ordinaires de l'année courante.

II. Il sera pareillement acquitté tout ce qui sera dû de la solde des Troupes de terre & de mer.

III. Les arrérages de rentes continueront d'être payés dans l'ordre de leurs échéances & les paiemens seront rapprochés par tous les moyens possibles.

IV. Seront également payés les intérêts de toutes les créances reconnues auxquelles il en est dû, les obligations contractées par achat de grains, les assignations, les rescriptions sur les revenus de 1790, & les dépenses relatives à l'Assemblée Nationale.

V. Il sera sursis au paiement des autres créances arriérées, jusqu'à ce qu'elles soient liquidées.

VI. Et pour procéder à cette liquidation, il sera nommé un Comité de douze Membres dans le Comité des Finances.

VII. Dans un mois, au plus tard, les Administrateurs de chaque Département, & les Ordonnateurs de toutes espèces de dépenses, remettront à ce Comité un état certifié véritable, de toutes les dépenses arriérées dans leurs Départemens.

VIII. les Fournisseurs & Entrepreneurs qui auront des titres de créance, seront tenus de les représenter.

IX. Le Comité rendra compte à l'Assemblée de chaque partie de la dette, à mesure qu'elle aura été vérifiée, & lui soumettra le jugement de celles qui pourroient être contestées.

X. Il sera avisé aux moyens les plus prompts & les plus convenables d'acquitter les créances dont la légitimité aura été reconnue.

XI. Les Lettres-de-changes expédiées pour le service de la Marine & des Colonies, seront exceptées de la disposition de l'article V du présent Décret.

DÉCRET du 22 Mars 1790, Sanctionné par le Roi,

Sur l'Emploi des Dons Patriotiques faits à l'Assemblée.

L'Assemblée Nationale, après avoir entendu ses Trésoriers des Dons patriotiques, sur le résultat de leurs conférences avec les Syndics des Payeurs de rentes, conformément à son Décret du 7 de ce mois, a décrété ce qui suit :

ARTICLE PREMIER.

Les Propriétaires des rentes perpétuelles & viagères, payables à l'Hôtel-de-Ville de Paris, de cinquante livres par année & au-dessous, qui ne sont imposés qu'à six livres de capitation ou à une somme inférieure, seront payés dès-à-présent, à bureau ouvert & à toutes lettres, des deniers provenant des dons patriotiques, de ce qui peut leur être dû des arrérages de l'année 1788, en joignant à leurs quittances les autres pièces nécessaires à leur paiement, un *Duplicata*, sur papier ordinaire, de la quittance de leur capitation, qui leur sera délivré sans frais par les préposés à la perception de ladite imposition.

II. Ces *Duplicata*, pour les Rentiers résidens en Province, seront légalisés, également sans frais, par un des Officiers Municipaux du lieu de leur résidence; quant aux Rentiers résidens en Lorraine, où la capitation n'a pas lieu, & dans les lieux où elle n'est pas répartie séparément des autres impositions, ils rapporteront un *Duplicata*, aussi légalisé par un Officier Municipal, de la quittance de six livres pour toute imposition des Receveurs desdites Provinces.

III. Il en sera usé de même pour les rentes de 1789, lesquelles seront payées sans retard, mais dans l'ordre des lettres.

IV. Les deniers des dons patriotiques seront remis successivement, par les Trésoriers des dons patriotiques, aux Payeurs des rentes, sur leurs récépissés, qui feront convertis par la fuite en quittances comptables.

V. Les Contrôleurs des rentes enverront aux Tréforiers des dons patriotiques, à la fin de chaque mois, l'état certifié des paiemens qui auront été faits en exécution du préfent Décret.

DÉCRET du 27 Mars 1790,

Sanctionné par le Roi,

Portant que la Ville & le Port de l'Orient rentreront, quant aux droits de Traites, au même état où ils étoient avant l'Arrêt du 14 Mai 1784.

L'Affemblée Nationale, confidérant que la franchife accordée à la ville de l'Orient, par Arrêt du 14 Mai 1784, n'avoit pour objet que de procurer aux Etats-Unis de l'Amérique un entrepôt particulier, devenu inutile depuis l'Arrêt du 29 Décembre 1787, qui leur a accordé cet entrepôt dans tous les Ports ouverts au Commerce des Colonies, & dont l'Orient fait partie; & que cette franchife, auffi fâcheufe pour les Habitans de cette Ville & des campagnes voifines, que nuifible aux Manufactures nationales, eft encore deftructive des revenus de l'Etat, & occafionne, pour fon maintien, une dépenfe qu'il eft inftant de faire ceffer, a décrété ce qui fuit :

ARTICLE PREMIER.

A compter de la publication du préfent Décret, la Ville & le Port de l'Orient rentreront, quant aux droits de Traites, au même état où ils étoient avant l'Arrêt du 14 Mai 1784.

II. Le Roi sera supplié de faire prendre des précautions suffisantes pour que les marchandises étrangères qui se trouveront dans la ville de l'Orient, ne puissent point entrer dans le Royaume, soit en contrebande, soit en fraude des droits.

DÉCRETS des 22, 23 & 28 Avril 1790,

Sanctionnés par le Roi.

Concernant la Chasse.

L'Assemblée Nationale considérant, que par ses Décrets des 4, 5, 7, 8 & 11 Août 1789, le droit exclusif de la Chasse est aboli, & le droit rendu à tout Propriétaire de détruire ou faire détruire, *sur ses possessions seulement*, toute espèce de gibier, sauf à se conformer aux loix de Police qui pourroient être faites relativement à la sûreté publique; mais que, par un abus répréhensible de cette disposition, la Chasse est devenue une source de désordres qui, s'ils se prolongeoient davantage, pourroient devenir funestes aux récoltes, dont il est si instant d'assurer la conservation, a, par provision & en attendant que l'ordre de ses travaux lui permette de plus grands développemens sur cette matière, décrété ce qui suit :

ARTICLE PREMIER.

Il est défendu à toutes personnes de chasser, en quelque temps & de quelque manière que ce soit, sur le terrein d'autrui, sans son consentement, à peine de vingt livres d'amende envers la Commune du lieu, & d'une indemnité de dix livres envers le propriétaire des fruits, sans préjudice de plus grands dommages-intérêts, s'il y écheoit.

Défenses sont pareillement faites, sous ladite peine de vingt livres d'amende, aux Propriétaires ou Possesseurs, de chasser dans leurs terres non closes, même en jachères, à compter du jour de la publication du présent Décret, jusqu'au premier Septembre prochain, pour les terres qui seront alors dépouillées; & pour les autres terres, jusqu'après la dépouille entière des fruits, sauf à chaque Département à fixer pour l'avenir le temps dans lequel la Chasse sera libre dans son arrondissement, aux Propriétaires sur leurs terres non closes.

II. L'amende & l'indemnité ci-dessus statuées contre celui qui aura chassé sur le terrein d'autrui, seront portées respectivement à trente livres, & à quinze livres, quand le terrein sera clos de murs & de haies, & à quarante & vingt livres, dans le cas où le terrein clos tiendroit immédiatement à une habitation, sans entendre rien innover aux dispositions des autres loix qui protègent la sûreté des Citoyens & de leurs propriétés, & qui défendent de violer les clôtures, & notamment celles des lieux qui forment leur domicile, ou qui y sont attachés.

III. Chacune de ces différentes peines sera doublée, en cas de récidive; elle sera triplée, s'il survient veint une troifième contravention ; & la même progreffion fera fuivie pour les contraventions ultérieures, le tout dans le courant de la même année feulement.

IV. Le Contrevenant qui n'aura pas, huitaine après la fignification du jugement, fatisfait à l'amende prononcée contre lui, fera contraint par corps, & détenu en prifon pendant vingt-quatre heures, pour la première fois ; pour la feconde fois, pendant huit jours ; & pour la troifième ou ultérieure contravention, pendant trois mois.

V. Dans tous les cas, les armes avec lefquelles la contravention aura été commife, feront confifquées, fans néanmoins que les Gardes puiffent défarmer les Chaffeurs.

VI. Les pères & mères répondront des délits de leurs enfans mineurs de vingt ans, non mariés, & domiciliers avec eux, fans pouvoir néanmoins être contraints par corps.

VII. Si les délinquans font déguifés ou mafqués, ou s'ils n'ont aucun domicile connu dans le Royaume, ils feront arrêtés fur-le-champ, à la réquifition de la Municipalité.

VIII. Les peines & contraintes ci-deffus feront prononcées fommairement & à l'audience par la Municipalité du lieu du délit, d'après les rapports des Gardes-meffiers, Bangards ou Gardes-champêtres ; fauf l'appel, ainfi qu'il a été réglé par le Décret de l'Assemblée Nationale du 23 Mars dernier, que le Roi a accepté : elles ne pourront l'être que, soit sur la plainte du propriétaire ou autre partie intéressée, soit même dans le cas où l'on auroit chassé en temps prohibé, sur la seule poursuite du Procureur de la Commune.

IX. A cet effet, le Conseil général de chaque Commune est autorisé à établir un ou plusieurs Gardes-messiers, Bangards ou Gardes-champêtres, qui seront reçus & assermentés par la Municipalité, sans préjudice de la garde des bois & forêts, qui se fera comme par le passé, jusqu'à ce qu'il en ait été autrement ordonné.

X. Lesdits rapports seront ou dressés par écrit, ou faits de vive voix au greffe de la Municipalité, où il en sera tenu registre. Dans l'un & l'autre cas, ils seront affirmés entre les mains d'un Officier Municipal, dans les vingt-quatre heures du délit qui en sera l'objet, & ils feront foi de leur contenu, jusqu'à la preuve contraire, qui pourra être admise sans inscription de faux.

XI. Il pourra être suppléé auxdits rapports par la déposition de deux témoins.

XII. Toute action pour délit de Chasse sera prescrite par le laps d'un mois, à compter du jour où le délit aura été commis.

XIII. Il est libre à tous Propriétaires ou Possesseurs, de chasser ou faire chasser en tout temps & nonobstant l'art. prem. du présent Décret, dans ses lacs & étangs &

dans celles de ses possessions qui sont séparées par des murs ou des haies vives, d'avec les héritages d'autrui.

XIV. Pourra également tout Propriétaire ou Possesseur, autre qu'un simple usager, dans les temps prohibés par ledit article premier, chasser ou faire chasser, sans chiens courans, dans ses bois & forêts.

XV. Il est pareillement libre, en tout temps, aux Propriétaires & Possesseurs, & même au Fermier, de détruire le gibier dans ses récoltes non closes, en se servant de filets ou autres engins qui ne puissent pas nuire aux fruits de la terre, comme aussi de repousser avec des armes à feu les bêtes fauves qui se répandroient dans lesdites récoltes.

XVI. Il sera pourvu par une Loi particulière à la conservation des plaisirs personnels du Roi; & par provision, en attendant que Sa Majesté nous ait fait connoître les cantons qu'Elle veut réserver exclusivement pour sa Chasse, défenses sont faites à toutes personnes de chasser & de détruire aucune espèce de gibier dans ses forêts & dans les parcs attenans aux maisons Royales de Versailles, Marli, Rambouiller, Saint-Cloud, Saint-Germain, Fontainebleau, Compiègne, Meudon, Bois de Boulogne, Vincennes & Villeneuve-le-Roi.

DÉCRET du 28 Février 1790,

Sanctionné par le Roi;

Concernant l'Armée.

L'Assemblée Nationale a décrété ce qui suit :

ARTICLE PREMIER.

Le Roi eſt le Chef ſuprême de l'Armée.

II. L'Armée eſt eſſentiellement deſtinée à défendre la Patrie contre les ennemis extérieurs.

III. Il ne peut être introduit dans le Royaume, ni admis au ſervice de l'Etat aucun Corps de Troupes étrangères, qu'en vertu d'un acte du Corps légiſlatif ſanctionné par le Roi.

IV. Les ſommes néceſſaires à l'entretien de l'Armée & aux autres dépenſes militaires, ſeront votées annuellement par les Légiſlatures.

V. Les Légiſlatures ni le pouvoir exécutif ne peuvent porter aucune atteinte au droit appartenant à chaque Citoyen d'être admiſſible à tous emplois & grades militaires.

VI. Tout Militaire en activité conſerve ſon domicile, nonobſtant les abſences néceſſitées par ſon ſervice, & peut exercer les fonctions de Citoyen actif, s'il a d'ailleurs les qualités exigées par le Décret de l'Aſſemblée Nationale, & ſi, lors des Aſſemblées où doivent ſe faire les élections, il n'eſt pas en garniſon dans le canton où eſt ſitué ſon domicile.

VII. Tout Militaire qui aura ſervi l'eſpace de ſeize ans, ſans interruption & ſans reproches, jouira de la plénitude des droits de Citoyen actif, & eſt diſpenſé des conditions relatives à la propriété & à la contribution, ſous la réſerve exprimée dans l'article précédent, qu'il ne peut exercer ses droits, s'il est en garnison dans le canton où est situé son domicile.

VIII. Chaque année, le 14 Juillet, il sera prêté individuellement dans les lieux où les troupes seront en garnison, en présence des Officiers Municipaux, des Citoyens rassemblés, & de la troupe entière sous les armes, le serment qui suit:

Savoir, par les Officiers, de rester fidèles à la Nation, à la Loi, au Roi, à la Constitution décrétée par l'Assemblée Nationale & acceptée par le Roi; de prêter la main-forte requise par les Corps administratifs & les Officiers Civils & Municipaux, & de n'employer jamais ceux qui sont sous leurs ordres contre aucun Citoyen, si ce n'est sur cette réquisition, laquelle sera toujours lue aux troupes assemblées.

Et par les Soldats, entre les mains de leurs Officiers, d'être fidèles à la Nation, à la Loi, au Roi & à la Constitution; de n'abandonner jamais leurs drapeaux, & d'observer exactement les règles de la discipline militaire.

Les formules de ces sermens seront lues à haute voix par le Commandant, qui jurera le premier & recevra le serment que chaque Officier, & ensuite chaque Soldat prononcera, en levant la main, & disant : *je le jure.*

IX. Toute vénalité des Emplois & Charges militaires est supprimée.

X. Le Ministre ayant le Département de la Guerre,

& tous les Agens militaires, quels qu'ils soient, sont sujets à la responsabilité dans les cas & de la manière qui sont & seront déterminés par la Constitution.

XI. A chaque Législature appartient le droit de statuer :

1°. Sur les sommes à voter annuellement pour l'entretien de l'armée & autres dépenses militaires.

2°. Sur le nombre d'hommes dont l'armée sera composée.

3°. Sur la solde de chaque Grade.

4°. Sur les règles d'admission au Service & d'avancement dans les Grades.

5°. Sur la forme des enrôlemens, & les conditions du dégagement.

6°. Sur l'admission des Troupes étrangères au Service de la Nation.

7°. Sur les Loix relatives aux délits & aux peines militaires.

8°. Sur le traitement des Troupes, dans le cas où elles seroient licentiées.

DÉCRET du 25 Mars 1790,

Sanctionné par le Roi,

Concernant le Paiement des appointemens des Officiers en activité des États-Majors des Places de Guerre.

L'Assemblée Nationale a décrété ce qui suit :

Les Commandans, Lieutenans-du-Roi, Majors, Aides-Majors des places de guerre, en activité, continueront d'être payés de leurs appointemens par le Trésor public, comme par le passé

DÉCRET du 23 Janvier 1790,

Sanctionné par le Roi,

Qui assujettit tous les Citoyens au logement des Gens de guerre.

L'Assemblée Nationale ayant, par ses précédens Décrets, sanctionnés par le Roi, ordonné l'égale répartition de toutes les charges publiques, a décrété ce qui suit :

Tous les Citoyens, sans exception, sont & devront être soumis au logement des Gens de guerre, jusqu'à ce qu'il ait été pourvu à un nouvel ordre de choses.

DÉCRET du 22 Avril 1790,

Sanctionné par le Roi ;

Interprétatif de celui des 8 & 9 Octobre dernier, concernant la réformation provisoire de la Procédure Criminelle.

L'Assemblée Nationale, ouï le rapport du Mémoire du Garde des Sceaux de France, & de plusieurs autres Adresses concernant des difficultés élevées sur l'exécution de son Décret des 8 & 9 Octobre dernier, sanctionné par le Roi, touchant la réformation provisoire de l'Ordonnance criminelle ; considérant combien il importe qu'une Loi aussi essentielle à la sûreté publique & à la liberté individuelle, soit uniformément conçue & exécutée par ceux qui sont chargés de l'appliquer, a décrété, & le Roi a sanctionné ce qui suit :

ARTICLE PREMIER.

Les Adjoints doivent être appelés au rapport des procédures sur lesquelles interviendront les Décrets.

II. Les Adjoints qui assisteront au rapport, ne pourront interrompre le Rapporteur ; mais avant de se retirer, ils pourront faire aux Juges toutes les observations qui, pour l'éclaircissement des faits, leur paroîtront convenables.

III. La présence des Adjoints aura lieu dans tous les cas, jusqu'à ce que les accusés, ou l'un d'eux ayent satisfait au Décret, ou que le jugement de défaut ait été prononcé contre eux ou l'un d'eux ; & après cette époque, le surplus de la procédure sera fait publiquement, tant à l'égard des accusés présens, qu'à l'égard des accusés absens ou contumax.

IV. Nul Citoyen ne sera contraint d'accepter la fonction honorable de représenter la Commune en qualité d'Adjoint.

V. Les Juges ou les Officiers du Ministère public feront notifier, par un écrit signé d'eux, aux Greffes des Municipalités, l'heure à laquelle ils devront procéder aux Actes pour lesquels ils requièrent l'assistance des Adjoints ; & les Municipalités seront chargées de pourvoir à ce qu'il se trouve toujours des Notables disposés à remplir cette fonction.

VI. Si les Adjoints, ou l'un d'eux, ne se trouvent pas

pas à l'heure indiquée, à l'acte de procédure auquel ils auront été requis d'assister, le Juge, pour procéder audit acte, sera tenu de nommer en leur place un ou deux d'entre les Notables du Conseil de la Commune ; & s'ils ne comparoissent pas, le Juge passera outre à la confection dudit acte, en faisant mention de sa réquisition, de l'absence des Adjoints ou de l'un d'eux, de la nomination supplétoire par lui faite, & de la non comparution des Notables du Conseil de la Commune : ladite mention à peine de nullité.

VII. Les Adjoints qui seront parens ou alliés des Parties, jusqu'au quatrième degré inclusivement, seront tenus de se récuser. Lorsqu'un Adjoint comparoîtra pour la première fois dans une procédure, le Juge sera tenu de l'avertir de cette obligation, & de lui déclarer les noms, surnoms & qualités des plaignans, ainsi que ceux des accusés qui se trouveront dénommés dans la plainte, à peine de nullité, sans que néanmoins on puisse déclarer nul l'acte auquel des parens, avertis par le Juge, auroient assisté comme Adjoints, en dissimulant leur qualité, ou faute d'avoir su qu'ils fussent parens de l'une ou de l'autre des Parties : la parenté des Adjoints avec les Officiers du Ministère public, n'est point une cause de récusation.

VIII. Lorsqu'un acte d'instruction ne se fera que par le Juge seul, accompagné du Greffier, les Adjoints qui y assisteront prendront séance après le Juge, au même bureau. Si l'acte se fait en la Chambre du Conseil & le Tribunal assemblé, les Adjoints prendront séance au banc du Ministère public & après lui.

IX Il ne sera donné aucun Conseil à l'accusé ou aux accusés contumax ou absens.

X. Il ne sera délivré par le Greffier qu'une seule copie sans frais, sur papier libre, de toute la procédure, quand bien même il y auroit plusieurs accusés qui requerroient ladite copie, & elle sera remise au Conseil de l'accusé, ou à l'ancien d'âge des Conseils, s'il y en a plusieurs. Pourront néanmoins les autres accusés se faire expédier telles copies qu'ils voudront, en payant les frais d'expédition.

XI. Lorsqu'il y aura un ou plusieurs accusés, chacun d'eux sera interrogé séparément, & il ne sera pas donné copie des interrogatoires subis par les autres à ceux qui seront interrogés les derniers, si ce n'est après qu'ils auront eux-mêmes subi leurs interrogatoires.

XII. L'accusé ni son Conseil ne pourront, dans l'information, adresser ni faire adresser aucune interpellation au témoin; mais, lors de la confrontation, l'accusé ou son Conseil qui auront remarqué dans la déposition du témoin ou dans ses declarations, quelque circonstance propre à éclaircir le fait, ou à justifier l'innocence de l'accusé, pourront requérir le Juge de faire à ce sujet au témoin les interpellations convenables, & néanmoins l'accusé ni son

Conſeil ne pourront, en aucun cas, adreſſer directement au témoin aucune interpellation.

XIII. Les diſpoſitions de nos Lettres-Patentes du mois d'Octobre dernier, concernant la réformation proviſoire de la procédure criminelle, non plus que celles du préſent Décret, n'auront aucune application au cas où le titre d'accuſation ne pourra conduire à une peine afflictive ou infamante.

XIV. A l'avenir tous les Procès du petit criminel ſeront portés & jugés à l'audience, & ne pourront en aucun cas être réglés à l'extraordinaire, à quelque ſomme que les dommages & intérêts paroiſſent devoir s'élever en définitif, dérogeant à toutes Loix & Réglemens à ce contraires.

DÉCRET du 23 Avril 1790,

Sanctionné le 10 Mai ſuivant;

Pour diſtraire la Gabelle du Bail général des Fermes.

L'Aſſemblée Nationale a décrété & décrète ce qui ſuit :

ARTICLE PREMIER.

Conformément à la ſtipulation portée par l'article XV du bail général des Fermes, paſſé à Jean-Baptiſte Mager le 19 Mars 1786, laquelle a prévu le cas de la diſtraction dudit bail, de parties de perception qu'il ſeroit jugé convenable d'en retirer, les grandes & les petites gabelles & les gabelles locales ſeront diſtraites dudit bail, à compter du premier Janvier 1789; & ſeront ledit adjudicataire & ſes cautions tenus de compter de clerc-à-maître, comme pour les objets dont ils ne sont que régisseurs, de toutes les recettes & dépenses qu'ils auront faites relativement aux gabelles, depuis cette époque.

En conséquence de ladite résiliation, la Nation rentre en jouissance de tous les greniers, magasins, bateaux, pataches, meubles, ustensiles de mesurage, & autres objets qui servoient à l'exploitation desdites gabelles, ainsi que de l'universalité des sels que ledit Mager avoit à sa disposition, le premier Avril.

Les Cautions dudit Mager, chargées par le Décret du 20 Mars, de faire pour le compte de la Nation, au cours fixé par la concurrence du commerce, & sans pouvoir excéder en aucun lieu le prix de trois sols la livre, la vente de tous les sels existans au premier Avril dans les dépôts, magasins & greniers de la Nation, même de ceux achetés pour le compte de l'Etat, ou qui étoient à sa disposition antérieurement au Décret du 20 Mars, compteront, tous les mois, des produits de ladite vente, à l'Administrateur général des Finances, & en verseront de mois en mois les deniers au Trésor National, jusqu'à parfaire la somme de 12 millions, destinée aux dépenses de l'Etat.

Il sera ensuite tenu compte audit Adjudicataire & à ses cautions, sur le produit desdites ventes, de la valeur des sels & autres effets, suivant les règles établies pour leur évaluation, & comme il se pratiquoit à l'expiration de chaque bail, lorsque l'Adjudicataire sortant transmettoit à son successeur les sels & effets dont celui-ci lui remboursoit le prix.

Et le furplus du produit de la vente defdits fels continuera d'être appliqué d'autant au rembourfement des fonds & avances defdites cautions de Mager, conformément à l'article V du Décret du 20 Mars dernier.

II. Tous les Juges & Officiers des gabelles en titre d'offices quelconques, tant dans les greniers que dans les depôts, falorges, falins & autres établiffemens qui tenoient à la manutention & au régime des gabelles, dans les Provinces de petites gabelles, de gabelles locales, pays de Quart-Bouillon, dépôts fitués aux frontières des pays exempts & rédimés de cet impôt, font fupprimés & cefferont toutes fonctions, à compter de la date du préfent Décret.

Il fera procédé à la liquidation de leurs Offices, en la forme qui fera inceffamment réglee; leurs gages feront acquittés jufqu'au jour de leur fuppreffion; & il fera pourvu, à compter dudit jour, au paiement des intérêts de leur finance, jufqu'à leur rembourfement.

III. Les quantités de fels appartenans à la Nation, & qui exiftoient au premier Avril 1790, à fa difpofition, tant dans les greniers, magafins ou falorges, que fur les marais falans, feront conftatés par les Officiers Municipaux des lieux : favoir, dans les dépôts & magafins, d'après les regiftres & les procès-verbaux, tant des Officiers jurifdictionnels & porte-clefs, que des prépofés de la Ferme Générale, & lefdits regiftres & procès-verbaux feront clos & ar-

arrêtés par lesdits Officiers Municipaux; à la suite de quoi les Officiers Porte-clefs remettront lesdites clefs aux Préposés de la Ferme, qui leur en donneront reconnoissance avec décharge de la responsabilité & garantie des masses, dont lesdits Préposés continueront seuls d'être tenus, sous l'inspection des Municipalités, jusqu'à la formation des Assemblées administratives de Districts & de Départemens, qui en seront chargées, & pourront commettre, selon les cas, les Municipalités des lieux.

Quant aux sels achetés pour le compte de la Nation avant le premier Avril, & non encore enlevés des marais salans, leur quantité sera justifiée par la représentation des polices d'achats & les livres de compte des Commissionnaires, lesquels livres & polices seront représentés aux Officiers Municipaux des lieux, pour être par eux visés & arrêtés.

IV. Le droit qui étoit exercé par la Nation sur les sels des salins de Peccais, Hières, Berre, Badon, Peytiac & Sigean, ne pourra être étendue au-delà de ceux qui sont actuellement fabriqués : la Nation renonce pour l'avenir à tout privilége sur lesdits salins; la prochaine récolte & les suivantes seront à la libre disposition des Propriétaires.

Pour assurer la comptabilité & la rentrée des recouvremens faits & à faire par les Receveurs-généraux & particuliers des Gabelles, ils seront tenus de laisser au Trésor public les cautionnemens qu'ils y ont consignés, & dont les intérêts continueront de leur être payés comme par le passé jusqu'au remboursement, sans que dans aucun cas, & sous aucun prétexte, ils puissent retenir aucune somme, ni faire compensation des recouvremens provenans de la vente des sels avec le montant de leur cautionnement, à peine d'être poursuivis comme pour divertissement des deniers de l'Etat. Cette disposition aura effet contre ceux desdits Receveurs & Comptables qui n'auroient pas vuidé leurs mains & remis toutes les sommes qu'ils ont touchées pour le compte de l'Etat.

VI. Les Notaires & Huissiers aux Greniers à Sel ne sont point compris dans les dispositions de l'article II. En conséquence, ces Officiers continueront, comme par le passé, les fonctions qu'ils exerçoient en concurrence avec les autres Notaires & Huissiers, & ce, jusqu'à ce qu'il ait été autrement pourvu.

DÉCRET du 25 Avril 1790,

Sanctionné le 10 Mai.

Sur l'Emploi des Dons Patriotiques.

L'Assemblée Nationale, sur le compte qui vient de lui être rendu par les Trésoriers des Dons Patriotiques, a décrété & décrète qu'ils remettront aux Payeurs des rentes les sommes nécessaires pour acquitter les rentes de 100 livres & au dessous, en se conformant d'ailleurs aux dispositions du Décret du 22 Mars, tant sur la quotité de l'imposition à justifier par les Rentiers, que sur ce qui a rapport à la comptabilité des Payeurs.

DÉCRET du 25 Avril 1790, Sanctionné le 5 Mai.

Sur l'Indemnité à accorder aux Maîtres de Poste, à raison de la suppression de leurs Priviléges.

L'Assemblée Nationale a décrété ce qui suit :

1°. En indemnité des priviléges supprimés, il sera accordé, à compter du jour où les priviléges ont cessé, une gratification annuelle de trente livres par cheval entretenu pour le service de la poste, à chacun des Maîtres de poste, d'après le nombre des chevaux fixé tous les ans pour chaque relai, les vérifications & inspections faites à cet effet par les Municipalités, suivant le nombre de chevaux qui aura été réglé sur les états présentés par l'Intendant & le Conseil des postes, & arrêté par chaque Législature.

2°. Les Maîtres de poste doivent continuer à être chargés du service des malles, à raison de 10 sols par poste & par cheval ; de celui des Couriers du Cabinet, à raison 15 sols ; de celui des estaffettes, à raison de 40 sols par Poste : savoir, 25 sols pour le cheval, & 15 sols pour le Postillon. La dépense extraordinaire des voyages de la Cour demeurera supprimée, & le prix des chevaux de poste, demeurera fixé à 25 sols par poste & par cheval.

3°. Les Maîtres de postes seront tenus de fournir, à

à la réquisition des Fermiers des Messageries ; deux chevaux, à 25 sols par poste & par cheval, pour les cabriolets chargés d'une ou deux personnes seulement, & de deux porte-manteaux de 25 à 30 livres pesant ; trois chevaux à 25 sols par poste & par cheval, pour les mêmes voitures chargées de trois personnes & de trois porte-manteaux ; trois chevaux à 25 sols par poste & par cheval, pour les voitures à quatre roues, chargées d'une ou deux personnes & de cinquante à soixante livres d'effets ; trois chevaux à 30 sols par poste & par cheval, pour les voitures chargées de trois ou quatre personnes & de cent à cent vingt livres d'effets, & 20 sols de plus seulement par poste, pour chaque quintal excédant le port d'effets susdit.

DÉCRET du 28 Avril 1790,

Sanctionné le 30 du même mois.

Au sujet des Indemnités prétendues par les Propriétaires de Fiefs en Alsace.

L'Assemblée Nationale, en conséquence de l'article XXXIX du titre II de son Décret du 15 Mars dernier, a décrété & décrète que le Roi sera supplié de prendre des mesures pour qu'il soit remis à l'Assemblée un état détaillé & appuyé de pièces justificatives.

1°. Les indemnités que les Propriétaires de certains fiefs d'Alsace pourroient prétendre leur être dues par suite de l'abolition du régime féodal.

2°. Des différens droits pour raison desquels ils réclameroient ces indemnités.

3°. Des conditions de réversibilité ou autres, sous lesquelles ils possèdent leurs fiefs.

DÉCRET du 29 Avril 1790,

Sanctionné le 2 Mai suivant,

Sur les troubles qui ont eu lieu à Dieppe, & pour assurer la libre circulation des grains.

L'Assemblée Nationale, après avoir entendu son Comité des Rapports, déclare attentatoires à la liberté publique & à l'autorité de ses Décrets, &, comme telles, annulle toutes délibérations qui, de quelque manière que ce puisse être, ont été prises par plusieurs Municipalités pour obliger les Laboureurs à fournir des bleds à un prix inférieur au prix courant, & pour interdire la circulation des grains dans le Royaume.

Décrète que son Président se retirera à l'instant pardevers le Roi, pour le supplier de donner les ordres nécessaires,

1°. Pour qu'il soit promptement & efficacement pourvu à ce que la Ville de Dieppe & autres Municipalités du pays de Caux, puissent se procurer les subsistances nécessaires

2°. Pour que, sur la réquisition desdites Municipalités, il leur soit procuré les moyens suffisans pour rétablir la tranquillité dans le pays, & prévenir de nouveaux désordres.

3°. Pour que, conformément aux Décrets de l'Assemblée Nationale concernant les Subsistances, il soit enjoint aux Municipalités & aux Tribunaux, chacun pour ce qui les concerne, de veiller exactement à leur pleine & entière exécution, & qu'il soit procédé à la recherche & punition de ceux qui, au mépris de ces mêmes Décrets, s'opposeroient à la libre circulation des grains dans le Royaume.

DÉCRET du 30 Avril 1790,

Sanctionné le 2 Mai suivant,

Qui porte les conditions nécessaires pour que les personnes nées hors du Royaume exercent les droits de Citoyens actifs.

L'Assemblée Nationale, voulant prévenir les difficultés qui s'élèvent au sujet des conditions requises pour devenir Français décrète ce qui suit :

Tous ceux qui, nés hors du Royaume, de parens étrangers, sont établis en France, sont réputés Français, & admis, en prêtant le serment civique, à l'exercice des droits de Citoyens actifs, après cinq ans de domicile continu dans le Royaume, s'ils ont en outre ou acquis des immeubles, ou épousé une Française, ou formé un établissement de commerce, ou reçu dans quelque Ville des lettres de bourgeoisie, principalement dans les Départemens des frontières & dans les Villes maritimes, non-obstant tous règlemens contraires auxquels il est dérogé, sans néanmoins qu'on puisse induire du drésent Décret, qu'aucune élection faite doive être recommencée ; & sans entendre rien préjuger sur la question de l'état civil des Juifs, qui a été & qui est ajournée.

DÉCRET du 30 Avril 1790,

Sanctionné le 7 Mai.

Sur la Forme & la Fabrication des Assignats.

L'Assemblée Nationale, sur le Rapport qui lui a été fait par son Comité des Finances, a décrété & décrète que les Assignats-monnoie, dont l'émission a été décrétée le 17 du présent mois, seront libellés avec l'indication spéciale de leur hypothèque, sur les Domaines Nationaux ; que le Comité des Finances est autorisé à nommer quatre Commissaires, pour suivre & surveiller, de concert avec le Premier Ministre des Finances, la confection & la fabrication des Assignats, la livraison du papier, & celle qui sera faite lorsqu'ils seront en état d'être mis en circulation.

DECRET du premier Mai 1790,

Sanctionné le 5 du même mois.

Sur le Département du Tarn & sur la manière de rectifier les erreurs qui pourroient se trouver dans la rédaction du Décret général sur la division du Royaume.

L'Assemblée Nationale décrète, 1°. que le Décret rendu le 5 Février pour le Département du Tarn, era exécuté, & qu'en conséquence l'Assemblée de ce Département, qui sera convoquée à Castres, alternera avec les villes d'Alby & de Lavaur, dans l'ordre où elles sont nommées. 2°. Que dans le cas où la rédaction des Décrets de la division du Royaume en un seul Décret général, du 26 Février, présenteroient, dans le sens ou dans les expressions quelques difficultés, les Décrets particuliers, rendus pour chaque Département, seront exécutés, à moins que par un Décret subséquent & particulier, l'Assemblée Nationale n'en ait expressément modifié ou interprété quelques dispositions.

DÉCRET du premier Mai 1790,

Sanctionné le 16 du même mois.

Interprétatif de celui du 29 Novembre dernier, concernant les Impositions des ci-devant Privilégiés.

L'Assemblée Nationale, ouï le rapport de son Comité des Finances, déclare que par son Décret du 29 Novembre 1789, lequel porte que les ci-devant Privilégiés seront imposés à raison de leurs biens fonds, pour les six derniers mois de 1789 & 1790, dans les lieux où lesdits biens sont situés, elle n'a pas entendu que les Créanciers des rentes constituées à prix d'argent, perpétuelles ou viagères, généralement ou spécialement hypothéquées, fussent imposés à raison de ces rentes, dans le lieu où lesdits biens se trouvent situés, s'ils n'y sont pas domiciliés; en conséquence, elle ordonne que les impositions qui n'auront pas eu d'autres motifs, dans les rôles des six derniers mois de 1789 & 1790, en soient distraites; & que pour en opérer le remboursement & la restitution à ceux qui les ont acquittées, il soit fait pour 1791 un rôle de supplément ou réimposition du montant desdites contributions, & que la somme à provenir dudit rôle de supplément, soit remise à ceux qui auront été induement imposés, en justifiant par eux du paiement qu'ils en auroient faits aux Collecteurs des six derniers mois de 1789 & de l'année 1790.

DÉCRET GÉNÉRAL du 3 Mai 1790,

Sanctionné le 9 du même mois.

Sur les principes, le mode & le taux du rachat des droits seigneuriaux déclarés rachetables par les articles I & II du titre III du Decret du 15 Mars.

L'Assemblée Nationale a décrété & décrète ce qui suit.

PREMIERE DIVISION.

Principes Généraux.

ARTICLE PREMIER.

Tout Propriétaire pourra racheter les Droits Féodaux & Censuels dont son fonds est grevé, encore que les autres Propriétaires, de la même seigneurie ou du même canton ne voulussent pas profiter du bénéfice du rachat, sauf ce qui sera dit ci-après à l'égard des fonds chargés de cens ou redevances solidaires.

II. Tout propriétaire pourra racheter lesdits droits, à raison d'un fief ou d'un fonds particulier, encore qu'il se trouve posséder plusieurs fiefs ou plusieurs fonds censuels, mouvans de la même seigneurie, pourvu néanmoins que ces fonds ne soient pas tenus sous des cens & redevances solidaires, auquel cas le rachat ne pourra pas être divisé.

III. Aucun Propriétaire de fiefs ou fonds censuels, ne pourra racheter divisément les charges & redevances annuelles dont le fief ou le fonds est grevé, sans racheter en même-temps les droits casuels & éventuels.

IV. Lorsqu'un fonds tenu en fief ou en censive, & grevé de redevances annuelles solidaires, sera possédé par plusieurs co-propriétaires, l'un d'eux ne pourra racheter divisément lesdites redevances, au prorata de la portion dont il est tenu, si ce n'est du consentement de celui auquel la redevance est due, lequel pourra refuser le remboursement total, en renonçant à la solidarité vis-à-vis de tous les co-debiteurs; mais il sera tenu de racheter la redevance entière; & quand le redevable aura fait le remboursement total, il demeurera subrogé aux droits du créancier, pour les exercer contre ses co-débiteurs, à la charge de ne les exercer que comme pour une simple rente foncière, & sans aucune solidarité; & chacun des autres co-débiteurs pourra racheter à volonté sa portion divisément.

V. Pourra néanmoins le co-propriétaire d'un fonds grevé de redevances solidaires, en rachetant, ainsi qu'il vient d'être dit, la redevance entière, ne racheter les droits casuels que sur sa portion, sauf au Propriétaire du fief à continuer de percevoir les mêmes droits casuels sur les autres portions du fonds, & sur chacune d'elles divisément, lorqu'il y aura lieu, jusqu'à ce que le rachat en ait été fait.

DEUXIÈME DIVISION.

Règles relatives aux qualités des personnes.

VI. Pourront les Propriétaires de fiefs ou de fonds censuels, traiter avec les Propriétaires des fiefs dont ils sont mouvans, de gré à gré, à telle somme & sous telles conditions qu'ils jugeront à propos, du rachat, tant des redevances annuelles que des droits casuels; & les traités ainsi faits de gré à gré, entre majeurs, ne pourront être attaqués sous prétexte de lésion quelconque, encore que le prix du rachat se trouve inférieur ou supérieur à celui qui auroit pu résulter du mode & du prix qui sera ci-après fixé.

VII. Les Tuteurs, Curateurs & autres Administrateurs des pupilles, mineurs ou interdits, les grevés de substitution, les maris dans les pays où les dots sont inaliénables, même avec le consentement de la femme, ne pourront liquider le rachat des droits dépendans de fiefs appartenans aux mineurs, aux interdits, à des substitutions, & auxdites femmes mariées, qu'en la forme & au taux ci-après prescrits,

&

& à la charge du remploi. Il en ſera de même à l'égard des Propriétaires des fiefs, leſquels par les titres ſont aſſujettis au droit de réverſion, en cas d'extinction de la ligne maſculine ou dans d'autres cas : le redevable, qui ne voudra point demeurer garant du remploi, pourra conſigner le prix du rachat, lequel ne ſera délivré aux perſonnes qui ſont aſſujetties au remploi, qu'en vertu d'une ordonnance du Juge, rendue ſur les concluſions du miniſtère public, auquel il ſera juſtifié du remploi.

VIII. Lorſque le rachat aura pour objet des droits dépendans d'un fief appartenant à une Communauté d'Habitans, les Officiers Municipaux ne pourront le liquider, que ſous l'autorité & avec l'avis des Aſſemblées adminiſtratives du département ou de leur directoire, leſquels ſeront tenus de veiller au remploi du prix.

IX. Si le rachat concerne les droits dépendans de fiefs appartenans à des gens de main-morte, & dont l'adminiſtration ſeroit confiée à une Municipalité, le rachat ſera liquidé par les Officiers de la Municipalité dans le reſſort deſquels ſe trouvera ſitué le Chef-lieu du fief. Les Officiers Municipaux ne pourront procéder à cette liquidation qu'avec l'autoriſation des Aſſemblées Adminiſtratives du Département ou de leur Directoire, & ſeront tenus d'en dépoſer le prix entre les mains du Tréſorier du Département : l'Aſſemblée Nationale ſe réſervant de ſtatuer ultérieurement ſur l'emploi du prix deſdits rachats.

X. A l'égard des biens ci-devant poſſédés par les

Eccléſiaſtiques, & dont l'adminiſtration a été déférée aux Aſſemblées Adminiſtratives, leſdites Aſſemblées liquideront le rachat des droits dépendans deſdits biens, & en feront dépoſer le prix entre les mains de leur Treſorier : l'Aſſemblée Nationale ſe réſervant de ſtatuer ultérieurement ſur l'emploi du prix deſdits rachats.

XI L'Aſſemblée Nationale ſe réſerve pareillement de ſtatuer ſur l'emploi du prix des rachats des droits dépendans de fiefs appartenans à la Nation, ſous les titres de domaines de la couronne, apanages, engagemens ou échanges non encore conſommés, ainſi que ſur les perſonnes avec leſquelles leſdits rachats pourront être liquidés, & auxquelles le paiement devra être fait.

TROISIÈME DIVISION.

Mode & Taux du Rachat des Redevances annuelles.

XII. Lorſque les Parties auxquelles il eſt libre de traiter de gré à gré, ne pourront point s'accorder ſur le prix du rachat des droits ſeigneuriaux, ſoit fixes ou caſuels, le rachat ſera fait ſuivant les règles & les taux ci-après.

XIII. Pour liquider le rachat des droits fixes (tels que les cens & redevances annuelles en argent, grains, denrées, ou fruits de récolte), il ſera formé d'abord une évaluation du produit annuel total des charges dont le fonds eſt grévé ; & ce produit annuel ſera racheté au taux ci-après indiqué. Quant à l'évaluation du produit annuel, elle ſera faite pour chaque eſpèce de redevance, ainſi qu'il ſuit :

XIV. A l'égard des redevances en grains, il fera formé une année commune de leur valeur, d'après le prix des grains de même nature relevé fur les regiftres du marché du lieu, ou du marché le plus prochain, s'il n'y en a pas dans le lieu. Pour l'année commune, on prendra les quatorze années antérieures à l'époque du rachat; on rachetera les deux plus fortes & les deux plus foibles; & l'année commune fera formée fur les dix années reftantes.

XV. Il en fera de même pour les redevances en volailles, agneaux, cochons, beurre, fromage, cire & autres denrées, dans les lieux où leur prix eft porté dans les regiftres des marchés. à l'égard des lieux où il n'eft point d'ufage de tenir regiftre du prix des ventes de ces fortes de denrées, les Directoires de Diftricts en formeront inceffamment un tableau eftimatif fur le prix commun auquel ont coutume d'être évaluées ces fortes de denrées pour le paiement des redevances foncières. Ce tableau eftimatif fervira, pendant l'efpace de dix années, de taux pour l'eftimation du produit annuel des redevances dues en cette nature dans le reffort de chaque Diftrict; le tout fans deroger aux évaluations portées par les titres, coutumes ou règlemens.

XVI. Chaque Directoire de Diftrict formera pareillement un tableau eftimatif du prix ordinaire des journées d'hommes, de chevaux, de bêtes de travail & de fomme, & des voitures. Ce tableau eftimatif fera formé fur le taux auquel lefdites journées ont accoutumé d'être eftimées pour les corvées, & fervira, pendant l'efpace de dix années, de taux pour l'eftimation du produit annuel des corvées réelles. Le tout fans déroger aux évaluations portées par les titres, les coutumes ou les règlemens.

XVII. Quant aux redevances qui confiftent en une certaine portion des fruits récoltés fur le fonds, (telles que champarts, terrages, agriers, tafgues, dîmes feigneuriales & autres de même nature) il fera procédé par des Experts que les Parties nommeront, ou qui feront nommés d'office par le Juge, à une évaluation de ce que le fonds peut produire en nature dans une année commune. La quotité annuelle du droit à percevoir fera enfuite fixée dans la proportion du produit de l'année commune du fonds; & ce produit annuel du droit fera évalué en la forme prefcrite par l'article XIV ci-deffus, pour l'évaluation des redevances en grains.

XVIII. Quant à celles des bannalités que l'article XXIV du décret du 15 Mars a déclaré exceptées de la fuppreffion fans indemnité, lorfque les Communautés d'Habitans voudront s'en libérer, il fera fait par des Experts choifis par les Parties, ou nommés d'office par le Juge, une eftimation de la diminution que le four, moulin, preffoir, ou autre ufine pourra éprouver dans fon produit annuel, par l'effet de la fuppreffion du droit de bannalité & de la liberté rendue aux Habitans: fans déroger aux Loix ultérieures qui, dans quelques Provinces ont autorifé les Communautés d'Habitans à racheter pour des conditions particulières les bannalités auxquelles elles étoient ou font affujeties.

XIX.

[illegible]

[illegible]

GRAVURES HISTORIQUES

DES

PRINCIPAUX ÉVÉNEMENTS

[illegible]

[illegible]

[illegible]

Comme il paroît [illegible] [illegible] [illegible] [illegible] [illegible] [illegible] [illegible] par [illegible] Ouvrage, nous [illegible]

Nous croyons [illegible] notre plan de [illegible] applicable aux [illegible] Complets, le [illegible] Histoire [illegible] de la Révolution en rendant compte de tous les Événemens [illegible]

MÉMORIAL HISTORIQUE
DE LA FRANCE,

OU

Recueil de toutes les Belles Actions, traits de Courage, de Bienfaisance, de Patriotisme & d'Humanité, depuis le regne de Henri IV jusqu'à nos jours, avec des planches gravées en couleurs, par M. JANINET, d'après les dessins des plus célebres Artistes.

On souscrit pour cet Ouvrage, qui est actuellement à la onzieme livraison, contenant chacune une Estampe gravée en couleurs, & quatre pages d'impression, chez M. JANINET, rue Haute-Feuille, N° [illegible]. La souscription n'est autre qu'une soumission de payer 4 livres, à la réception de chaque livraison.

On trouve aussi chez le même Artiste une nouvelle Estampe, gravée par lui en couleurs, acceptée de l'Assemblée Nationale, & présentée au Roi. Elle représente un projet de monument fait pour la construction d'une Place Louis XVI. *Le prix de cette Estampe est de 12 liv.*

CATALOGUE D'ESTAMPES

GRAVÉES AU LAVIS ET EN COULEURS,

PAR M. JANINET,

Et qui se trouvent chez lui, rue Haute-Feuille, N° [illegible]

TITRES DES SUJETS.	NOMS DES MAITRES.	PRIX.
Les Moissonneurs.	Wille fils.	
La Noce de Village.	Idem.	
Les trois Grâces.	Pellegrini.	9 l. chac.
La Comparaison.	Lavreince.	
L'aveu difficile.	Idem.	
L'Indiscrétion.	Id.	
Restes d'un ancien Temple.	Clérisseau.	
Tombeau de Médicis.	Robert.	
Restes du palais du Pape Jules.	Id.	
[illegible]	Fragonard.	
[illegible]	Id.	
Portrait de Henri IV.	Rubens.	6 l. chac.
Portrait de Franklin.		
Portrait de Gabrielle d'Estrées.	Porbus.	
Portrait de Ninon de l'Enclos.	Mignard.	
Offrande à l'Amour.	Le Grenée le jeune.	
Nina.	Huin.	
Le Rendez-vous Comique.	Watteau.	
Les Comédiens Comiques.	Id.	
Joseph & Zulica.	Estienne.	[illegible] l. chac.
Tarquin & Lucrèce.	Id.	
Un Paysage au Bistre.	Houel.	
Plusieurs Ruines d'après	Boucher fils & autres.	[illegible] l. chac.
La Femme au petit chien.	Lavreince.	[illegible] l.
Le Petit Conseil.	Idem.	Id.
* Entrevue de Tarquin & de Lucrèce.	Moitte.	12 l. chac.
* Départ de Coriolan.	Id.	

* Ces deux Estampes sont gravées d'une manière nouvelle, à l'imitation des Bas-Reliefs antiques.

www.ingramcontent.com/pod-product-compliance
Ingram Content Group UK Ltd.
Pitfield, Milton Keynes, MK11 3LW, UK
UKHW021857190726
13855UKWH00001B/356